JN102254

連想で憶える
ビジネス重要英単語
400

後藤史守弥

元三井住友フィナンシャルグループ
理事 財務部部長

開拓社

はじめに

　本書は，ビジネスパーソンが，英米ビジネス紙やニュースなどで使われている実践的なビジネス英単語を，連想（語呂合わせ）文を使って，通勤途中や隙間時間などに気軽に，かつ効果的に憶えられるようにと考えて作成しました。

　筆者は，会社派遣で米国のビジネススクールに留学をさせてもらった後に，財務経理部署に異動になったため，着任当初から，英文での財務情報の開示資料や英文アニュアルレポートなど，英語での公表資料の作成を任されました。そのため，自分で英文を用意し，ネイティブチェックを受けることで，自分の英語の弱点を知り，英語力を強化する機会を持つことができました。また，勤務先の三井住友フィナンシャルグループがニューヨーク証券取引所（NYSE）に上場する約3年に亘るプロジェクトの副リーダーを務めましたが，この社内外・国内外の非常に多くの人がかかわり，予算的にも大きなプロジェクトの責任ある立場を務められたのは，英語力の大きな助けがあったからだと思っています。

　NYSE上場以降も米国証券取引委員会に提出する（英語での）年次報告書等の作成の統括をしてきました。作成にあたっては，米国の経済・政治（法律）の仕組み・制度などの知見が必要であることは当然ながら，米国で何が起きているのかをフォローし続けることが求められました。そのため，主に米国のビジネス紙などのニュースを読み続けてきました。その時に感じたのが，検定試験などに出題されるものとは異なる英単語が，英米ビジネス紙などでは頻繁に使われていることと，そういった実践的なビジネス英単語を学習するための教材が限られているということです。本書は，そういった教材になることを目的に，英米ビジネス紙やニュースで使われている英単語をピックアップして見出し語としました。

また，私には，何度も目にして何度も意味を調べたにもかかわらず，なかなか覚えられていない英単語があります。同じように感じているビジネスパーソンは多いのではないでしょうか。そこで，私は高校時代に使っていた連想による学習方法を，改めてこの数年使ってきました。この方法は，多くのビジネスパーソンにも役立つと考え，本書では連想（語呂合わせ）文として取り入れています。また，本書内の例文は，主にビジネスに近い題材のものを用意しました。英語を使う現場での会話や文章作成に役立つ数多くの実践的な表現に触れることができると思います。

　英語を使う業務に携わっている，あるいは将来携わりたいと思っているビジネスパーソンは，是非，本書の本体部分をめくってみてください。そうすれば，よく見るけれども意味が分からない単語が必ず，いくつか見つかると思います。そして，まずは1つでも2つでも連想（語呂合わせ）文を使って，その単語の意味を憶えてみてください。かなり近い将来，役に立つことがあると，私は確信しています。

　なお，文中意見に属する部分は筆者個人の意見であり，内容についても，筆者が所属する，あるいは所属していたいかなる企業，組織の意見・見解を示すものではありません。

2023 年 9 月

後藤　史守弥

凡　例

① ▌ 3 │ **inflate**

② As nominal home-price increases don't consider rising consumer prices / that <u>inflate</u> home values <u>over time</u>, / home prices may be falling in <u>real terms</u>.

③ 名目住宅価格の上昇は，時間の経過とともに住宅の価値をつり上げる消費者価格の上昇を考慮していないので，住宅価格は実質では下落しているかもしれない。

---

④ **inflate** [infléit]

⑤ **インフレ，糸や針の価格も便乗してつり上げる釣具店**

⑥ 【他動】1.〔価格を〕つり上げる，水増しする；　2.〔空気・ガスなどで〕膨張させる；　3.〔通貨を〕膨騰させる；　4.〔感情を〕あおる
【自動】1. 膨らむ；　2. インフレになる

---

⑦ **over time**　時がたつにつれて
real term　実質，実質単位

① 見出し語番号と見出し語
② 例文： 英米ビジネス紙やニュースで取り上げられる題材を使った見出し語の例文。
　・メディア等での報道内容に沿った内容になっている場合もありますが，基本的に例文はフィクションで事実・報道と異なり，人物，団体，国・地域は実在するものとは関係がありません。
　・例文の構造や文意の理解のため，厳密なルールは設けていませんが，前後を分けた方が良いと思う箇所に，「／（スラッシュ）」を置いています。
　・憶えておいた方が良い，あるいは例文を理解する上で，その語意があった方が良いと思われる単語・熟語に下線を付しています。
③ 例文の仮訳：例文の構造を踏まえた参考訳。
④ 見出し語とその発音表記：発音表記は米音を基本としています。
⑤ 連想（語呂合わせ）文
⑥ 見出し語の語意： 英米ビジネス紙やニュースで使われる場面を考慮した見出し語の語意。英和辞典等に記載されている語意より限定している場合があります。
⑦ 例文中に下線を付した単語・熟語の語意等： 主に例文内で使われている語意等。

なお，効率的に繰り返し学習できるよう，各章の最後に記憶用見出し語一覧を用意しています。

目　次

1 | negate

Many Japanese manufacturers have moved their production overseas / for years / to <u>negate</u> or ease / some of the impacts of currency <u>fluctuations</u>.

> 多くの日本の製造業者は，為替変動の影響の一部を打ち消したり緩和したりするために，長年にわたって生産拠点を海外に移してきた。

---
negate [nigéit]
逃げ，意図的でなくても過去の好印象を<u>無効にする</u>

【他動】1. 〔〜を〕無効にする，取り消す； 2. 〔事実・真実を〕否定（否認）する

---

fluctuation [flʌ̀ktjuéiʃən]【名】〔継続的な〕変動，上下

2 | demur

When asked to predict oil prices, / almost all oil company executives <u>demurred</u> / or said they had a range of scenarios.

> 原油価格の予測を求められたほぼすべての石油会社の幹部は，躊躇するか，さまざまなシナリオがあると答えた。

---
demur [dimə́ːr]
デマと思う情報でも，慎重な社長は発言を<u>躊躇する</u>

【自動】1. 〔多少穏やかに〕反対する，異議を唱える；
　　　　2. 躊躇する，決定を留保する

---

3 | inflate

As nominal home-price increases don't consider rising consumer prices / that <u>inflate</u> home values <u>over time</u>, / home prices may be falling in <u>real terms</u>.

> 名目住宅価格の上昇は，時間の経過とともに住宅の価値をつり上げる消費者価格の上昇を考慮していないので，住宅価格は実質では下落しているかもしれない。

---

inflate [infléit]

インフレ，糸や針の価格も便乗して<u>つり上げる</u>釣具店

【他動】1.〔価格を〕つり上げる，水増しする； 2.〔空気・ガスなどで〕膨張させる； 3.〔通貨を〕膨騰させる； 4.〔感情を〕あおる

【自動】1. 膨らむ； 2. インフレになる

---

over time 時がたつにつれて
real term 実質，実質単位

4 | suppress

Neighboring countries have <u>decried</u> / the country's new <u>national-security</u> law / as a tool / for its government to <u>suppress</u> civil liberties.

> 近隣諸国は，その国の新しい国家安全保障法を，政府が市民の自由を抑えるための道具であると非難している。

suppress [səprés]

さあ，プレス会見での緊張を抑えるための体操を開始！

【他動】1.〔暴動などを〕鎮圧する，抑圧する；　2.〔発生・発現などを〕やめさせる，抑える

decry [dikrái]【他動】〔公然と〕非難する
national security　国の安全，国家安全保障
civil liberties　市民の自由

5 | strand

A meltdown in the service of railroad companies / has stranded customers without receiving needed shipments / and delayed the movement of raw materials across the country.

鉄道会社のサービスのメルトダウン（崩壊）は，必要な積み荷を受け取れず顧客を立ち往生させるとともに，国中の原材料の動きを遅らせた。

strand [strǽnd]

スト，ランドマークの遊園地で起きて運営会社を困らせる

【他動】1.〔～を〕立ち往生させる，困らせる；　2.〔～を〕座礁させる
【自動】1. 座礁する；　2. 困った状況に陥る

shipment [ʃípmənt]【名】〔一般に〕積み荷，貨物

6 | confluence

A <u>confluence</u> of factors such as higher labor and <u>trans-portation</u> costs and component shortages / <u>drove up</u> the price of items / sold at the wholesale retail chain.

人件費や輸送コストの上昇，部品不足などの要因が重なり，卸売小売チェーンで販売される商品の価格が上昇した。

---

confluence [kánfluəns]
勘，振るわん！ 好きな俳優の結婚が重なった状態では
【名】1.〔2つ以上の出来事が〕重なった（同時に発生した）状態； 2.〔河川の〕合流（点）； 3.（群集・思想などの）合流

---

transportation [trænspəɾtéiʃən / trænspɔɾtéiʃən]【名】輸送，運送，運搬
drive up【句動】つり上げる，跳ね上がらせる

7 | convene

The SEC Chair said / that he planned to <u>convene</u> a meeting of leaders of the <u>exchanges</u> and other major market participants / to <u>accelerate</u> ongoing efforts to strengthen markets further.

SEC（証券取引委員会）委員長は，市場をさらに強化するための継続的な取り組みを加速するために，取引所のリーダーやその他の主要な市場参加者の会議を招集する予定であると述べた。

convene [kənvíːn]

缶，瓶どちらかビール持参のビアパーティを開催する

【他動】〔会議などを〕招集する，開く，開催する
【自動】〔会議などが〕招集される，開かれる，開催される

exchange [ikstʃéindʒ]【名】〔証券や商品の〕取引所，交換が行われる場所

accelerate [əksélərèit]【他動】1.〔～の進行を〕早める，加速する；　2.〔～の移動の〕速度を上げる，加速させる

8 | salvo

Western governments see / Russia's move to shut down the Nord Stream pipeline / as the latest <u>salvo</u> in the Kremlin's economic war on Europe.

西側諸国の政府は，ロシアの（欧州向けガス）パイプライン「ノルドストリーム」を閉鎖する動きを，ロシア政府の欧州に対する経済戦争における最新の一撃である見なしている。

salvo [sǽlvou]

さる暴君が反乱軍に一斉射撃し国際社会から集中砲火

【名】1. 一斉射撃，爆弾の一斉投下，集中砲火；　2.〔一斉射撃または投下された〕爆弾，発射物；　3.〔一斉の〕喝采，拍手，一斉の笑い

9 | percolate

Anxiety is <u>percolating</u> in the market / as investors face the risk / that a highly <u>contagious</u> <u>variant</u> of COVID-19 could threaten economic growth.

> 投資家が新型コロナウイルスの感染力の高い変異株が経済成長を脅かすリスクに直面するにつれて，不安が市場に浸透している。

---

percolate [pə́ːrkəlèit]
排骨（パーコー），冷凍したら，うま味が一層<u>浸透する</u>
（補足）排骨（パーコー）＝豚などのスペアリブ

【自動】1. 次第に広まる，浸透する ； 2.〔液体が〕しみ出る，ろ過される
【他動】〔液体を〕ろ過する

---

contagious [kəntéidʒəs]【形】接触伝染性（病）の，伝染しやすい
variant [vέəriənt]【名】変異体，変種，変形

10 | hassle

Easy access to funding from private-equity firms / has made it easy for companies / that have only existed for a few years / to avoid the <u>hassle</u> of going public.

> 未公開株式（への）投資会社から簡単に資金を調達できることで，設立から数年しか経っていない企業でも，株式公開の手間を省くことが容易になった。

> **hassle** [hǽsl]
>
> **刃，鋭すぎる包丁は怪我など<u>面倒なこと</u>になる**
>
> 【名】1. 面倒なこと，煩わしいこと；　2. けんか，口論，
> 　　　激論；　3. 努力，苦労，苦闘
> 【自動】けんかする，口論する，激論する
> 【他動】〔人を〕うるさがらせる，しつこく悩ます

11 | trope

The coach of an NFL team has <u>come under fire</u> / after it was revealed / that he had used a <u>racist</u> <u>trope</u> / in his email / to <u>describe</u> his team's star player.

> あるNFLチームのコーチが，彼のチームのスタープレーヤーを表現するために，電子メールで人種差別主義的な比喩を使用したことが明らかになり，批判を浴びている。

> **trope** [tróup]
>
> **灯篭プレゼントは<u>言葉のあや</u>，実際は和風電気スタンド**
>
> 【名】言葉の比喩的用法，言葉のあや

come under fire 　非難（批判）を浴びる（にさらされる）
racist [réisist]【形】人種差別主義（者）の
describe [diskráib]【他動】〔言葉で～を〕描写する，表現する

12 | pare

CFOs want to avoid <u>paring</u> back spending on invest-
ments in digital technology or employee <u>compensation</u>,
/ which will be important / if growth does recover.

> CFO は，成長が回復した場合に重要となるデジタル・テクノロジー
> への投資や従業員の報酬などへの支出を切り詰めるのを避けたがっ
> ている。

---

pare [péər]

ペア割引を使って映画料金を削減する

【他動】1.〔～を〕削減する，〔～を〕減らす；　2.〔果物
などの〕皮をむく（剥ぐ）；　3.〔～の余分なとこ
ろを〕切り取る，そぎ落とす，〔つめなどを〕切り
整える

---

compensation [kὰmpənséiʃən]【名】給料，報酬，賃金，給与

13 | demise

Liz Truss's expansive fiscal policy / not only led to a
<u>slide</u> in the pound and a <u>selloff</u> in government bonds /
but to the political <u>demise</u> of her party.

> リズ・トラス氏の拡張的な財政政策は，ポンドの下落と国債の売却
> をもたらしただけでなく，所属政党の政治的終焉をもたらした。

---

demise [dimáiz]

デマ！いずれ分かるが将棋部は廃止ではなく予算倍増

【名】1.〔活動などの〕終焉，終結，廃止；　2. 死亡，逝
去，崩御；　3. 消滅，絶滅；　4.〔体制などの〕崩

壊，解体

【他動】〔財産を〕譲渡する，譲る

slide [sláid]【名】〔価格などの〕下落，低下
selloff / sell-off【名】1.〔資産処分のための低価値での〕売却；
2. 急落

14 | inconclusive

An <u>inconclusive</u> <u>dispute</u> / between Major League Base-
ball team owners and the players' union / could <u>signify</u>
labor discord for years to come.

> メジャーリーグの球団オーナーと選手組合の間の結論の出ない論争
> は，今後何年にもわたる労働争議の兆候である可能性がある。

inconclusive [ìnkənklúːsiv]
印鑑来るし，無難に電子決裁化するとの<u>結論に至らない</u>

【形】1.〔議論などが〕結論の出ない（に至っていない）；
2.〔勝利などが〕決定的でない

dispute [dispjúːt]【名】1. 議論，論争，口論；　2. 不和，紛争
signify [sígnəfài]【他動】〔～を〕意味する，示す，知らせる

15 | dust

The central bank <u>dusted off</u> a tool / from the financial
crisis / to ease escalating strains in credit markets.

> 中央銀行は，拡大する金融市場の緊張を緩和するために，金融危機
> に使ったツールを引っ張り出してきた。

dust [dʌ́st]

出すと分かるベッドの下の箱に積もった<u>ほこりを払う</u>

【他動】1.〔〜の〕ほこりを払う，〔〜の〕ちりを払う；
　　　　2.〔〜を〕打ち負かす，やっつける；　3.〔〜に
　　　　…を〕まぶす
【名】1.〔乾燥した〕粉末，細粉；　2.〔積もった〕ちり，
　　　ちいさなごみ

dust off【句動】〔長らく放置してあった物や技術を〕引っ張り出し
てくる，使い始める，探し出してもう一度利用する

【米国の金融制度（1）】

　金融政策（monetary policy）を担う中央銀行は，日本
では日本銀行ですが，米国では連邦準備制度（Federal
Reserve System），通称 Fed です。Fed が行う金融政策
の主な目標は，雇用の拡大（maximum employment），
物価の安定（stable prices）と適度な長期金利（moder-
ate long-term interest rates）です。Fed は主に，ワシ
ントン D.C. で の 理 事 会（Federal Reserve Board of
Governors，Board of Governors），通称 FRB と，ボス
トン，ニューヨーク，フィラデルフィアなど 12 の地区にあ
る連邦準備銀行（Federal Reserve District Banks），連
邦公開市場委員会（Federal Open Market Committee）
の 3 つから構成されています。FRB は Fed の最高意思決
定機関であるとともに，12 の連邦準備銀行を統括していま
す。FRB は 7 名の理事（governor）から構成されていま
す。

16 | one-off

The London Metal Exchange's decision / to save the giant firm / from the consequences of its <u>bets</u> / by canceling the trades / isn't just a <u>one-off</u>.

> 取引を取り消すことによって，その巨大企業を同社の賭けの結果から救うというロンドン金属取引所の決定は，単なる偶然の事故ではない。

---

one-off [wʌ́n-ɔ́f]
椀を，蓋無しで客に何度も出すのは<u>偶発的事故</u>とは言えず

【名】1. 偶発的事故；　2. 一度限りのもの
【形】一度限りの，1 回限りの

---

bet [bét]【名】賭け（金）

17 | poise

A major financial institution is <u>poised</u> to <u>transfer</u> / its securitized products group / within its investment banking unit / to a <u>consortium</u> of investors.

> ある大手金融機関は，投資銀行部門内の証券化商品グループを，投資家コンソーシアム（共同事業体）に譲渡する準備をしている。

---

poise [pɔ́iz]
ポイ！図工室を<u>準備する</u>計画を校長があっさり破棄

【他動】1. ～の準備（用意）をする，～しようと身構える；　2. ～を平衡状態にしておく，～のバランスを取る，～を支える，～を持ち上げる
【自動】1. 平衡状態にある，釣り合っている；　2.〔鳥な

どが〕空を舞う，空中で停止する

transfer [trænsfə́:r]【他動】〔所有権を〕譲渡する
consortium [kənsɔ́rʃiəm]【名】共同事業体，合弁企業，国際借款団

18 | bode

An increase in the number of Americans seeking jobs / <u>bodes well for</u> the <u>prospects</u> of easing inflation / as it could cool labor demand.

仕事を求めるアメリカ人の増加は，労働需要を冷やす可能性があるため，インフレ緩和の見通しにとって良い兆候である。

---

bode [bóud]
暴動の前兆となることが多い強盗事件の増加を懸念する

【他動】〔～の〕前兆となる，〔～の〕前触れとなる

---

bode well for ～にとって吉兆（良い前兆）である，～にとって縁起が良い，～の幸先が良い
prospect [prá:spèkt]【名】〔将来の〕見通し

19 | opaque

The fast-growing but risky and <u>opaque</u> private <u>credit market</u> is / generally difficult for individual investors to access.

急成長しているが，リスクが高く不透明な民間クレジット市場は，一般的に，個人投資家がアクセスすることは困難である。

> **opaque** [oupéik]
> **オペ（手術），行く前に不透明な役割分担の解決必要**
>
> 【形】〔意味などが〕不明瞭な，曖昧な，不透明な，不可解な
> 【名】不透明なもの，不透明体

credit market クレジット市場（信用リスクを内包する商品を取引する市場）

20 | figment

One day, / we may be able to make / humanlike robots or other <u>figments</u> of <u>humanity's</u> imagination a reality / through artificial intelligence.

> いつか，我々は，人工知能によって，人間のようなロボットやその他の人類の想像の産物を現実のものにできるかもしれない。

> **figment** [fígmənt]
> **不意，「具（と）麺と袋も食べられる冷凍食品」の作り話に納得**
>
> 【名】1. 作り事，作り話，絵空事，想像の産物； 2. 虚構，捏造； 3. 発明（力），創造（力）

humanity [hju:mǽnəti] 【名】〔集合的に〕人類，人間

21 | twist

A major commercial bank is putting a new <u>twist</u> / on its existing technology / to allow it to use a publicly available system / for <u>confidential</u> transactions.

> ある大手商業銀行は，同社が一般に公開されているシステムを機密取引に使用することができるよう，自社の既存の技術に新たな工夫を凝らしている。

---

twist [twíst]

つい，ストだ！と叫ぶと現場改革の<u>**新しい仕掛け**</u>が始動

【名】1. 意外な展開（成り行き），新機軸，新しい（気の利いた）工夫（仕掛け）； 2. ねじる（ひねる・よじる・回す）こと

【他動】1. 〔無理に〕ねじる，ねじ曲げる，2. 〔糸などを〕よる，より合わせる； 3. 巻き付ける，絡ませる

【自動】1. 〔糸などに〕よる，より合わせる； 2. 〔顔や物の形が〕ゆがむ，ひずむ； 3. 巻きつく，からみつく

---

confidential [kὰnfədénʃəl]【形】〔情報が〕秘密の，極秘の，部外秘の，国家機密の

22 | deplete

Many companies have <u>pushed</u> to <u>rebuild</u> <u>depleted</u> inventories / to overcome <u>persistent</u> supply shortages.

> 多くの企業が，持続的な供給不足を克服するため，激減した在庫の再構築を推し進めている。

deplete [diplíːt]

deplete [diplíːt]

ディップ，離島の野菜使用で売上増，在庫を使い果たす

【他動】激減させる，使い果たす（尽くす），消耗させる

push [púʃ]【他動】推し進める，後押しする

rebuild [ríːbíld]【他動】〔壊れた建物などを〕再建する，建て直す，復元する

persistent [pərsístənt]【形】〔いやなことが〕いつまでも続く，持続する

23 | buyout

<u>Buyout</u> firms are <u>ramping up</u> investment / in the space industry / where they haven't previously been significant players.

企業買収専門会社が，これまで重要なプレーヤーではなかった宇宙産業への投資を増やしている。

buyout [báiàut]

倍会うと，買収情報がもっと取れると関係者に接触

【名】1.〔企業の〕買収，〔株の〕買い占め；　2.〔企業などの〕早期退職割増（報奨）金

ramp up【句動】〔一定の比率で〕増やす，増加（上昇・成長）させる

24 | flush

Asia-Pacific <u>private-equity</u> funds are <u>flushed with cash</u> / but are <u>struggling</u> / to find attractive investments.

> アジア太平洋地域の未公開株式（への）投資ファンドは景気が良いものの，魅力的な投資先を見つけるのに悪戦苦闘している。

---

flush [flʌʃ]

フラッシュの光と音が復活を期す映画俳優を<u>活気づける</u>

【他動】 1.〔人を〕活気（元気）づける，興奮させる，怒らせる，かき立てる； 2.〔〜を〕赤面させる，紅潮させる； 3. ドッ（ザッ）と水をかけて〜を流す，〔〜を〕勢いよく流す，洗い流す

---

flush with cash 景気が良い
private equity 未公開株式
struggle [strʌɡl]【自動】取り組む，懸命に努力する，悪戦苦闘する

25 | unfetter

Most small- and medium-sized tech companies can't compete with the <u>tech giants</u> / that have the nearly <u>unfettered</u> ability / to collect and use consumers' location data.

ほとんどの中小のテクノロジー企業は，消費者の位置情報をほぼ自由に収集・使用することができる大手テクノロジー企業と，競争することは不可能である。

unfettered [ʌnfétərd]【形】〔規則などに〕拘束されない，自由な

---

unfetter [ʌnfétər]

餡，増えたアンパンの人気沸騰後も注文数は自由にする

【他動】1.〔束縛された人を〕解放する，自由にする；
2.〔捕虜などから〕足かせを外す

---

tech giants 大手テクノロジー企業

26 | sibling

The founder and president of a bookstore chain / <u>gave control of</u> the company / <u>to</u> none of his children, his <u>siblings</u>, or his wife.

ある書店チェーンの創業者兼社長は，会社の支配権を，子供達，兄弟，または妻のいずれにも与えなかった。

---

sibling [síbliŋ]

仕振りグッド，さすが我がきょうだい

【名】兄弟姉妹（のいずれか一人）（同じ両親（または片方の親）から生まれた兄，弟，姉，または妹）。

---

give someone control of 〜に対する指揮権（支配権）を（人）に与える

27 | stem

The European Commission <u>launched</u> various actions / that could be taken at the EU or national level / to <u>stem</u> the higher energy costs.

欧州委員会は，エネルギーコストの上昇を食い止めるために，EU レベルまたは国レベルで取りえるさまざまな行動を開始した。

---

stem [stém]

吸って胸に空気をためて水中の土手の穴を<u>食い止める</u>

【他動】1.〔〜の流れをダムなどで〕せき（食い）止める； 2.〔〜の穴を〕塞ぐ，詰める

【自動】（〜から）生じる，起こる，（〜に）由来する

---

launch [lɔ́ntʃ] 【他動】始める，開始する，乗り出す，参入する

28 | stomach

Businesses that heavily rely on imported labor would not <u>stomach</u> / stopping or significantly reducing the flow of immigrant workers into the United States.

輸入労働力に過度に依存している企業は，米国への移民労働者の流れを停止または大幅に削減することに，耐えられないだろう。

---

stomach [stʌ́mək]

スト！まくしたてるグループとの軋轢に<u>耐える</u>人達

【他動】1.〔〜に〕耐える，〔〜に〕我慢する，〔〜を〕許す； 2.〔〜を〕消化する

【名】胃（袋）

---

stutter

The global economy is <u>stuttering</u>, / as evidenced by job cuts by some of the world's best-known tech companies.

> 世界で最も有名なテクノロジー企業のいくつかによる人員削減が示すように，世界経済は停滞している。

---

stutter [stʌ́tər]

スターたまに運転するクラシックカーで**ガタガタ走る**

【自動】1. 口ごもりながら言う（話す），言葉に詰まり（つっかえ）ながら言う（話す）； 2. つっかえつっかえ進む，〔自動車など〕ガタガタ走る
【他動】口ごもりながら言う（話す），言葉に詰まり（つっかえ）ながら言う（話す）

---

tally

Under the proposed rule, / companies will / for the first time / be required to <u>tally</u> their impact on the environment and risks from climate change.

> 提案された規則の下では，企業は初めて，環境への影響と気候変動によるリスクを集計することが求められる。

---

tally [tǽli]

足りない現金，毎日残高を記録する経理係が発見

【他動】1.〔計算・得点などを〕記録する，集計する，計
算する；　2.〔～を〕勘定する

【自動】符合する，一致する（with）

【名】1. 勘定，計算，記録，得点；　2. 割り符

---

31 | eke

Almost all manufacturing companies have sought for decades / to <u>eke out more profit</u> / by ordering only as much material / as they need to keep their production lines running.

> ほとんどすべての製造業の会社が，何十年もの間，生産ラインの稼働を維持するために必要なだけの材料を注文するなどして，利益をひねり出そうとしてきた。

---

eke [íːk]

いい車に乗りつつ食費を<u>やりくりする</u>大変な見栄っ張り

【自動】1. やりくりする；　2. 不足分を補う，補足する

---

eke out a profit　利益をひねり出す

32 | thaw

<u>Thawing</u> <u>permafrost</u> has already significantly impacted the infrastructure / in many countries, / including Russia and the U.S.

永久凍土の融解は，ロシアや米国を含む多くの国のインフラに，すでに大きな影響を与えている。

---

thaw [θɔ́]
想像以上の速さで凍土を<u>解かす</u>温暖化
【自動】1.〔雪・氷・川などが〕解ける； 2.〔冷えていた体などが〕徐々に暖まる
【他動】1.〔雪・氷などを〕解かす； 2.〔冷凍食品などを〕解凍する

---

permafrost [pə́ːrməfrɔ̀st]【名】永久凍土層

33 | throng

As thousands of <u>demonstrators</u> <u>thronged</u> the airport, / the airport authority decided to cancel all departing flights.

何千人ものデモ参加者が空港に殺到したため，空港当局はすべての出発便をキャンセルすることを決定した。

---

throng [θrɔ́ŋ]
巣，ロング！ 蜂の<u>大群</u>で<u>群衆</u>が避難所に<u>殺到する</u>
【他動】1.〔人が〜に〕群がる，殺到する； 2.〔人だかりで〜を〕満たす
【自動】群がる，〔〜に〕殺到する
【名】1. 群衆，人だかり，人混み； 2. 一群，多数，大群

---

demonstrator [démənstrèitər]【名】デモ参加者

34 | torrid

Emerging-market equity funds <u>posted</u> <u>inflows</u> at a <u>torrid</u>
pace / that would be considered unsustainable.

> 新興市場の株式ファンドは，持続するのは難しいであろう猛烈なペースで，資金の流入を計上した。

---

torrid [tɔ́rid / tɑ́rid]
鳥どう料理するかは二人のシェフの熱烈な議論次第

【形】1.〔恋愛感情が〕熱烈な，情熱的な； 2. しゃく熱の，〔焼けるように〕暑い

---

post [póust]【他動】計上する
inflow [ínflòu]【名】流入（すること）

35 | spare

Approximately 40 million <u>federal</u> student-loan borrowers
were <u>spared</u> / nearly $200 billion in loan payments / as
the government <u>froze</u> their payments.

> 約 4,000 万人の連邦政府の学生ローンの借り手は，政府が支払い（返済）を凍結したため，2,000 億ドル近くのローン支払い（返済）が猶予された。

---

spare [spέər]
スペアキーでの侵入，理由次第では容赦する

【他動】1.〔人を〕見逃す，〔～を〕勘弁する，容赦する； 2.〔～を〕使わない，取っておく，控える，けちけちして使わない； 3.〔時間などを〕割く，

〔金・余分な物など〕を分けてやる；　4.〔〜を〕容赦する，助命する

federal [fédərəl]【形】〔米国などで〕連邦政府の
freeze [fríːz]【他動】〔資産・価格・賃金など〕を凍結する，〔〜の〕運用を禁止する，引き出せないようにする

36 ┃ tweak

<u>Tweaks</u> for work tools from big tech companies / aim to <u>address</u> employees' and employers' work-life balance concerns.

　大手テクロノジー企業の仕事用ツールの微調整は，従業員と雇用主の両方からのワークライフ・バランスに対する懸念への対処を目的にしている。

---

tweak [twíːk]
つい車のことだと時間を忘れて<u>微調整</u>するエンジニア

【名】1.〔自動車や機器の性能を高めるための〕微調整，
　　　マイナーチェンジ；　2. ひねる（引っ張る）こと
【他動】1. ひねる，つねる，つまむ；　2. ぐいと引く；
　　　　3.〔自動車や機器の性能を高めるために〕微調整
　　　　する，少し手直しする

---

address [ədrés / ǽdres]【他動】〔問題などに〕取り組む

37 | trickle

Workers are <u>trickling</u> back to the office / at the highest rate / since the COVID-19 <u>pandemic</u> began / as the <u>infection</u> rates fall.

> （新型コロナウイルスの）感染率が低下するにつれ，新型コロナウイルスの大流行が始まって以来，最も高い割合で，従業員がオフィスにボツボツ戻ってきている。

---

trickle [tríkəl]

通り，車で出るなら，祭りにボツボツ来る人達に要注意

【自動】1.〔人などが〕ポツポツ来る；　2.〔滴や細い流れが〕したたる，ちょろちょろ流れる

---

pandemic [pændémik]【名】パンデミック（広域でまん延する深刻な感染病の大流行）
infection [infékʃən]【名】感染（部），感染症

38 | barrel

The rapid spread of rumors / that a world-famous chemical company was <u>barreling</u> toward financial trouble / served as a reminder of online forums' impact on financial markets.

> 世界的に有名な化学会社が経営危機に陥っているという噂が急速に広まったことは，オンライン・フォーラムが金融市場に与える影響の大きさを，再認識させる役割を果たした。

barrel [bǽrəl]

ばれると思いながら不正経理に**突進する**二代目社長

- 【自動】1. 急速に動く，突進する，迫る；　2.〔車を〕飛ばす
- 【他動】1.〔～を〕たるに詰める；　2.〔車を〕飛ばす，猛スピードで走らせる
- 【名】1.〔胴のふくれた〕たる；　2. ひとたるの分量；　3. 銃身

【米国の金融制度（2）】

　連邦公開市場委員会（Federal Open Market Committee），通称 FOMC は，連邦準備制度の機関で，米国の金融政策を決定する委員会です。FOMC は 7 名の連邦準備制度理事会（FRB）理事と 5 名の地区連邦準備銀行総裁の合計 12 名で構成され，年に 8 回の定例会合を，必要に応じてその他の会合を，開催します。FOMC では，経済および金融の状況を踏まえ，FRB が米国の金融政策を実行するためのツールである「公開市場操作」（open market operations）の方針を決定します。公開市場操作は，政策金利に影響を与え，それによって世界の金融マーケットにも大きな影響を及ぼすことがあります。

　FOMC の終了後，金利変更を含めた金融政策の変更や現在の経済状況，経済見通しなどが声明文（statement）とし公表されます。また，FOMC の議事録（Minutes of the Federal Open Market Committee）が 3 週間後に公表さ

れ，**FOMC** で話し合われた内容，委員会の議論の中で参加者が示した見解等を知ることができます。その内容によっては，金融市場や為替市場などに大きな影響を及ぼすことがあります。

39 │ trajectory

Companies are becoming more <u>comfortable</u> with the economy's <u>trajectory</u> / despite the <u>lingering</u> <u>disruptions</u> from the COVID-19 pandemic.

> 企業は，新型コロナウイルスの大流行による長引く混乱にもかかわらず，経済の軌道（先行き）を心配しなくなっている。

---

trajectory [trədʒéktəri]

虎絶句！通りにハンターのジープの軌跡有

【名】1.〔天体や投射物の〕軌道，軌跡；　2.〔幾何学の〕軌道，〔弾丸などの〕弾道；　3.〔人生などの〕軌跡，通り道

---

comfortable [kʌ́mftəbl]【形】〔～に対して〕心配していない，安心している

lingering [líŋɡəriŋ]【形】1. なかなか消えない，長い間続く；　2. なごり惜しそうな

disruption [disrʌ́pʃən]【名】混乱，崩壊

40 | accentuate

The differences between the FRB and the ECB mone-
tary policies were <u>accentuated</u> / by the fact that the
euro area has suffered more / from Russia's invasion of
Ukraine.

> ロシアのウクライナ侵攻で，ユーロ圏が（米国よりも）より悪影響
> を受けているという事実が，FRB（連邦準備制度理事会）とECB（欧
> 州中央銀行）の金融政策の違いを際立たせている。

---

accentuate [æksént∫uèit]
**悪戦中，英（国）との過去の勝利を<u>強調する</u>サッカー監
督**

【他動】1. 強調する，目立たせる，際立たせる，倍加させ
る；　2. アクセントを置く，アクセント符号をつ
ける

---

(1) 見出し語番号　　(2) 見出し語
(3) 見出し語の (連想 (語呂合わせ) 文での) 意味　　(4) 連想 (語呂合わせ) 文

(1)	(2)	(3)	(4)
1	negate	無効にする	逃げ，意図的でなくても過去の好印象を<u>無効にする</u>
2	demur	躊躇する	デマと思う情報でも，慎重な社長は発言を<u>躊躇する</u>
3	inflate	つり上げる	インフレ，糸や針の価格も便乗して<u>つり上げる</u>釣具店
4	suppress	抑える	さあ，プレス会見の緊張を<u>抑える</u>ための体操を開始！
5	strand	困らせる	スト，ランドマークの遊園地で起きて運営会社を<u>困らせる</u>
6	confluence	重なった状態	勘，振るわん！好きな俳優の結婚が<u>重なった状態</u>では
7	convene	開催する	缶，瓶どちらかビール持参のビアパーティを<u>開催する</u>
8	salvo	一斉射撃，集中砲火	さる暴君が反乱軍に<u>一斉射撃</u>し国際社会から<u>集中砲火</u>
9	percolate	浸透する	排骨（パーコー），冷凍したら，うま味が一層<u>浸透する</u>
10	hassle	面倒なこと	刃，鋭すぎる包丁は怪我など<u>面倒なこと</u>になる
11	trope	言葉のあや	灯篭プレゼントは<u>言葉のあや</u>，実際は和風電気スタンド
12	pare	削減する	ペア割引を使って映画料金を<u>削減する</u>
13	demise	廃止	デマ！いずれ分かるが将棋部は<u>廃止</u>ではなく予算倍増

14	inconclusive	結論に至らない	印鑑来るし，無難に電子決裁化するとの<u>結論に至らない</u>
15	dust	ほこりを払う	出すと分かるベッドの下の箱に積もった<u>ほこりを払う</u>
16	one-off	偶発的事故	椀を，蓋無しで客に何度も出すのは<u>偶発的事故</u>とは言えず
17	poise	準備する	ポイ！図工室を<u>準備する</u>計画を校長があっさり破棄
18	bode	前兆となる	暴動の<u>前兆となる</u>ことが多い強盗事件の増加を懸念する
19	opaque	不透明な	オペ（手術），行く前に<u>不透明な</u>役割分担の解決必要
20	figment	作り話	不意，「具（と）麺と袋も食べられる冷凍食品」の<u>作り話</u>に納得
21	twist	新しい仕掛け	つい，ストだ！と叫ぶと現場改革の<u>新しい仕掛け</u>が始動
22	deplete	使い果たす	ディップ，離島の野菜使用で売上増，在庫を<u>使い果たす</u>
23	buyout	買収	倍会うと，<u>買収</u>情報がもっと取れると関係者に接触
24	flush	活気づける	フラッシュの光と音が復活を期す映画俳優を<u>活気づける</u>
25	unfetter	自由にする	餡，増えたアンパンの人気沸騰後も注文数は<u>自由にする</u>
26	sibling	きょうだい	仕振りグッド，さすが我が<u>きょうだい</u>
27	stem	食い止める	吸って胸に空気をためて水中の土手の穴を<u>食い止める</u>

28	stomach	耐える	スト！まくしたてるグループとの軋轢に耐える人達
29	stutter	ガタガタ走る	スターたまに運転するクラシックカーでガタガタ走る
30	tally	記録する	足りない現金，毎日残高を記録する経理係が発見
31	eke	やりくりする	いい車に乗りつつ食費をやりくりする大変な見栄っ張り
32	thaw	解かす	想像以上の速さで凍土を解かす温暖化
33	throng	大群，群衆，殺到する	巣，ロング！蜂の大群で群衆が避難所に殺到する
34	torrid	熱烈な	鳥どう料理するかは二人のシェフの熱烈な議論次第
35	spare	容赦する	スペアキーでの侵入，理由次第では容赦する
36	tweak	微調整	つい車のことだと時間を忘れて微調整するエンジニア
37	trickle	ボツボツ来る	通り，車で出るなら，祭りにボツボツ来る人達に要注意
38	barrel	突進する	ばれると思いながら不正経理に突進する二代目社長
39	trajectory	軌跡	虎絶句！通りにハンターのジープの軌跡有
40	accentuate	強調する	悪戦中，英(国)との過去の勝利を強調するサッカー監督

41 | **underscore**

The automaker's <u>declaration</u> of 7-year financial goals / <u>underscores</u> its effort / to <u>convince</u> investors / to <u>value</u> the company much higher than they think.

> その自動車メーカーが7年間の財務目標を公表したことは，投資家が考えているよりもはるかに高く自社を評価するように，彼らを納得させるための同社の努力を明確に示している。

---

underscore [ʌ̀ndərskɔ́r]

安打数，コアの評価指標と**GM**が選手に**明確に示す**

【他動】1.〔〜を〕強調する，〔〜を〕明確に示す；
2.〔〜に〕下線を引く（施す）

---

declaration [dèkləréiʃən]【名】公表，宣言，布告
convince [kənvíns]【他動】確信させる，納得させる，説得する
value [vǽlju:]【他動】1.〔〜を〕高く評価する，〔〜を〕尊重する；
2. 値段を見積もる

42 | **unravel**

A <u>injection</u> of <u>mercenary</u> soldiers into a country in Africa by rival foreign <u>backers</u> / could <u>unravel</u> efforts to establish a long-term <u>truce</u> in the country.

アフリカのある国への敵対する外国人支持者による傭兵の投入は，同国での長期停戦を確立するための努力を，つぶしてしまう可能性がある。

---

unravel [ʌnrǽvəl]

餡，ラベルに記載無く不正！と競合の面目をつぶすいやがらせ

【他動】1.〔計画などを〕つぶす，だめにする；　2.〔もつれた糸などを〕ほどく，ほぐす；　3.〔謎などを〕解く，解明する

【自動】1.〔もつれた糸などが〕ほどける；　2.〔謎などが〕解明される

---

injection [indʒékʃən]【名】〔資金などの〕投入，つぎ込み

mercenary [mə́:rsənèri]【名】〔外国人の〕雇い兵，傭兵

　【形】〔兵士が外国軍隊に〕金で雇われた

backer [bǽkər]【名】〔計画などに資金を提供する〕支持者，後援者

truce [trú:s]【名】1. 停戦（協定），休戦；　2.〔困難・苦痛などの〕一時的休止

43 | utterance

Many investors analyze / every utterance of executives on teleconferences / to guess whether companies performed better than expected.

　多くの投資家は，企業の業績が予想を上回るかどうかを推測するために，テレカンファレンスでの幹部の発言の全てを分析する。

utterance [ʌ́tərəns]

当たらん，すぐに浮かんだクイズの答えを発言しても

【名】口に出すこと，発声，発話，（口から発した）言葉，発言，話しぶり

teleconference [téləkʌ̀nfərəns / télikʌ̀nfərəns]【名】テレカンファレンス，遠隔会議，テレビ会議

44 | vital

<u>Substrates</u>, / which connect <u>chips</u> to the <u>circuit boards</u>, / are relatively simple / but <u>vital</u> to a computer chip's operation.

> チップをサーキットボードにつなげる回路基板は，比較的単純であるが，コンピュータ・チップの操作には不可欠である。

vital [váitəl]

倍（で）足る？ 売上増の製品に不可欠な部品調達に奔走

【形】1.〔存在に〕必須の，不可欠な ； 2. 命の，生命に関する ； 3. 生命維持に必要な，延命させる ； 4. 元気な，生き生きした

substrate [sʌ́bstreit]【名】回路基板
chip [tʃíp]【名】チップ（集積回路を収めた半導体の小片）
circuit board サーキットボード

45 | **VOW**

Although many companies, / including high-emitting industrial companies, / have <u>vowed</u> to achieve net-zero carbon emissions, / what that means / varies from company to company.

> 排出量の多い産業を含め，多くの企業が，炭素排出量実質ゼロを達成することを明言しているものの，その意味するところは企業によって異なる。

---

vow [váu]

場，うまく取り繕って逃げきると固く約束する共犯者

【他動】1. 〔～を〕誓う，誓約する，固く約束する，明言する，公約する；　2. 〔神に～を〕献上すると誓う

---

46 | walkout

Some employees <u>staged</u> a <u>walkout</u> / to protest their company's <u>handling</u> of an <u>uproar</u> / over a reality show.

> 一部の従業員は，（自社の）リアリティ番組をめぐる騒動への会社の対応に抗議するために，ストライキを行った。

---

walkout [wɔ́kàut]

鵜を飼うという社長に不満な社員がストライキを決行

【名】1. 〔抗議の手段としての集団の〕退場，欠席，脱退，ストライキ；　2. 何も買わずに店を出る人（こと）；

---

stage [stéidʒ]【他動】〔劇や試合などを〕上演する，開催する，興行する

handling [hǽndliŋ]【名】扱うこと，処理，対処，対応

uproar [ʌ́prɔ̀r]【名】わめき叫ぶ声，騒動，混乱，騒音

47 | perplex

Concerns about trade war between the US and China / and mixed economic indicators / continue to <u>perplex</u> investors.

米国と中国との間の貿易戦争に対する懸念と，まちまちな経済指標が，投資家を当惑させ続けている。

---

perplex [pərpléks]

パー・プレー！くす玉割る騒々しさが回りを<u>当惑させる</u>

【他動】〔人や心を〕当惑させる，困惑させる，迷わす，混乱させる，まごつかせる

---

48 | altruistic

For banks in an industrial <u>revolution</u>, / <u>setting out</u> how they will <u>decarbonize</u> through 2050 / isn't entirely <u>altruistic</u>.

産業革命のさなかにある銀行にとって，銀行が 2050 年までに脱炭素化する方法を発表することは，完全に利他的というわけではない。

---

altruistic [æ̀ltruístik]

（在庫）在ると売る椅子，地区内需要増も<u>利他的な</u>安値を維持

【形】〔行動が〕利他的な

---

revolution [rèvəlúːʃən]【名】1. 大変革，大改革，革命； 2. 革命
set out【句他動】〔意見・考えを整理して〕発表する
decarbonize [diːkɑ́rbənàiz]【他動】〔経済・社会などを〕脱炭素化する，化石燃料（への）依存から脱却させる

49 | red-hot

A sharp rise in the interest rate / on America's most popular <u>mortgage</u> / <u>has yet to</u> significantly slow the <u>red-hot</u> housing market.

アメリカで最も人気のある住宅ローンの金利の急上昇は，猛烈な住宅市場を大幅に減速させるには至っていない。

---

red-hot [rédhɑ́t]
レッド！はっと我に返るとカードを持つ審判と<u>猛烈な</u>ブーイング

【形】1. 非常に興奮した，猛烈な；　2.〔金属が〕赤熱した；　3.〔ニュースなどが〕最新の

mortgage [mɔ́ɾɡidʒ]【名】(抵当権付き) 住宅ローン
have yet to まだ (いまだに) 〜していない，〜するには至っていない

50 | anecdotal

Although recent <u>anecdotal evidence</u> suggests / economic conditions are improving for small- and medium-size businesses, / optimism among these businesses may in fact be <u>waning</u>.

最近の事例証拠が中小企業の経済状況が改善していることを示唆しているものの，実際には，中小企業の間で楽観的な見方が薄れているかもしれない。

anecdotal [æ̀nikdóutl]
兄，区道通るはずという弟の話は<u>裏付けに乏しい</u>

【形】1.〔話などが〕裏付けに乏しい；　2. 逸話の，逸話的な

anecdotal evidence 事例証拠
wane [wéin]【自動】〔力・光などが〕衰える，徐々に弱まる，薄れる，減少する

51 | quash

The Securities and Exchange Commission could <u>quash</u> the deal / to split the audit and consulting businesses of one of the Big Four accounting firms.

証券取引委員会（SEC）は，四大会計事務所の1つの監査とコンサルティング事業を分割する取引を，無効にする可能性がある。

---

quash [kwɑ́ʃ]

詳しゅう聞くと，開発案を<u>無効化する</u>策に興味を示す長老

【他動】1.〔決定・判決などを〕無効化する，棄却する，破棄する； 2.〔反乱・暴動などを〕鎮圧する，鎮める； 3.〔うわさなどを〕鎮める，もみ消す，否定する

---

52 | bout

The current <u>bout</u> of inflation has several causes, / many of which are linked to the COVID-19 pandemic.

現在の（一時的な）インフレにはいくつかの原因があるが，その多くは，新型コロナウイルスの大流行に関連している。

---

bout [báut]

場，うとうと眠くなるほど退屈で<u>不快な状態</u>の会議

【名】1. 一時的な期間，不快な状態，〔病気の〕発作； 2.〔ボクシングなどの〕試合，一勝負，競争

---

53 | bonanza

After a <u>swift</u> recovery from a recession, / the result of <u>ebullient</u> <u>capital markets</u> / was a <u>bonanza</u> for major financial institutions.

> 不況からの迅速な回復後，活気にあふれた資本市場の結果，主要な金融機関は大儲けした。

---

bonanza [bənǽnzə]

棒なんざ何になる！と思ったら骨董的価値で<u>大儲け</u>

【名】1. 大もうけ；　2.〔思いがけない〕ぼろもうけ，大当たり，幸運，掘り出し物；　3. 金の卵

---

swift [swíft]【形】敏速な，即座の，すぐに過ぎ去る

ebullient [ibÁliənt]【形】ほとばしり出る，あふれんばかりの，威勢のいい，活気にあふれた

capital market　資本市場

54 | cripple

Russian <u>corps</u> of <u>state-sponsored</u> hackers / may <u>launch</u> <u>crippling</u> cyberattacks / to <u>complement</u> the <u>invasion</u> of Ukraine.

> 国の支援を受けたロシアのハッカー集団は，ウクライナへの侵略を補完するために，壊滅的な打撃を与えるサイバー攻撃を開始するかもしれない。

crippling [krípliŋ]【形】〔正常に機能しなくなるほどの〕壊滅的な影響（打撃）を与える

---

cripple [krípl]

栗，ぷるぷるゼリーに入れたら生産設備を<u>損なわせる</u>人気

【他動】1.〔〜を〕活動不能にする，無能にする，無力に
する；　2.〔機能を〕損なわせる；　3.〔手足を〕
不自由にする，不具にする

---

corps [kɔ́r]【名】1.〔特定の任務の〕部隊，兵団；　2.〔同じ仕事
をする人々の〕団体，一団

state-sponsored【形】国家が動員（主導・主催）した

launch [lɔ́ntʃ]【他動】始める，開始する，乗り出す，参入する

complement [kɑ́mpləmʌ̀nt]【他動】〔〜を〕完全にする，補完す
る，補足する，引き立たせる

invasion [invéiʒən]【名】侵入すること，侵略

55 | **batter**

In the past, / many Japanese manufacturers, / <u>battered</u>
by the strong yen, / gradually <u>moved production over-
seas</u>.

> かつて，円高で打撃を受けた多くの日本メーカーが，徐々に生産拠
> 点を海外に移していった。

---

batter [bǽtər]

バター不足がケーキ業界を<u>打ちのめす</u>

【他動】〔〜を〕続けざまに打つ，〔〜を〕連打（乱打）す
る，打ちのめす，めった打ちにする

【自動】続けざまに打つ，連打（乱打）する

【名】〔野球の〕バッター，打者

---

move production overseas　生産を海外に移転する

56 | **fracture**

It may be difficult for some global businesses to <u>endure</u> / as the global pandemic and <u>geopolitical</u> <u>fractures</u> are <u>straining</u> supply chains.

> 世界的なパンデミックと地政学的な分裂が，サプライチェーンを緊張させているため，一部のグローバル企業は持ちこたえるのが難しいかもしれない。

---

fracture [frǽktʃər]

「不落」，着実な城壁の割れ目の修復で城の名声を支える

【名】1. 割れ目，裂け目；　2. 破砕，骨折

---

endure [endúər / indjúər]【自動】〔苦痛・痛みなどに〕耐える

geopolitical [dʒì:oupəlítikəl]【形】地政学的（な），地理的・政治的（な）

strain [stréin]【他動】1.〔物を〕ひずませる，変形させる；　2.〔〜に〕負担をかける

57 | **hew**

Some European companies are <u>abiding by</u> their own countries' <u>sanctions</u> rules / and <u>hewing</u> to guidance from their governments / to do business in Russia.

> 一部の欧州企業は，ロシアでの事業を行うために，自国の制裁規則に従い，政府のガイダンスを順守している。

---

hew [hjú:]

比喩を使って規則を順守するよう説得する

【自動】1. 従う，順守する（hew to）；　2.〔おのなどで〕

切る，切り刻む

【他動】1.〔木などを〕切り倒す，たたき切る； 2.〔道を〕切り開く； 3.〔石を〕切り出す

abide [əbáid]【自動】とどまる
abide by 〔規則・規格など〕に従う（準拠する）
sanction [sǽŋkʃən]【名】〔法的な〕制裁（措置）

58 | malaise

In recent months, / the <u>malaise</u> in the computer sales market has gotten worse / than many computer retailers and <u>distributors</u> were expecting / at the beginning of the year.

> コンピューター販売市場の低迷は，ここ数か月，多くのコンピューター小売業者や卸業者が年初に予想していたよりも，さらに悪化している。

malaise [məléiz]
稀，いずれ<u>低迷</u>企業が復活するとの予測が当たるのは

【名】1.〔経済などの〕低迷； 2. 不快感，倦怠感；
3.〔漠然とした〕不安，不満，沈滞

distributor [distríbjətər]【名】卸業者，販売代理店，販売業者

59 | fraught

A move by pilots of a European airline / to <u>go on strike</u> / would worsen its already <u>fraught</u> <u>finances</u>.

> ある欧州の航空会社のパイロットによるストライキの動きが，同社のすでに切迫している財政状態を悪化させるだろう。

fraught [frɔ́t]

風呂と晩酌は，家計が切迫した時も欠かせない

【形】1.〔状況・雰囲気などが〕緊張をはらんだ，緊迫
（切迫）した； 2.〔危険・心配・問題などが〕いっ
ぱいの； 3.〔人が〕緊張感でいっぱいで

go on strike ストライキをする
finance [fainǽns / fənǽns / finǽns]【名】〔政府などの〕財源，財政
状態

60 | rout

U.S. stocks remained lower throughout the day / <u>on the
heels</u> of a <u>rout</u> in European and Asian markets.

> 米国株は，欧州とアジア市場での暴落の余波で，終日下落したまま
> だった。

rout [ráut]

労と金をつぎ込んだ軍事作戦も結果は敗走

【名】1. 敗走； 2. 群れ，暴徒，やじ馬

on the heels of ～のすぐ後に続いて，～の余波で

【米国の金融制度（3）】

　経済関係のニュースの中で，米国の株式市場の相場を伝
える指標として頻繁に耳にするものに，「ニューヨークダウ」
と言われるダウ・ジョーンズ工業株価平均（**Dow Jones**

Industrial Average (DJIA)）があります。ダウ・ジョーンズ工業株価平均は，ニューヨーク証券取引所（New York Stock Exchange）などに上場している優良企業 30 社の株式指標です。

　米国の株式市場の主要な指標として，その他にナスダック総合指数（Nasdaq Composite Index）と S&P500（Standard & Poor's 500 stock index）があります。ナスダック総合指数は，米国ナスダック市場に上場する全銘柄で構成する時価総額加重平均型の指数です。S&P500 は，米国で取引されている主要 500 銘柄の時価加重平均株価指数です。500 銘柄は，米国企業であることや時価総額，十分な流動性があることなどの基準で選定されています。

61 ｜ pencil

The central bank raised interest rates / and <u>penciled in</u> six more increases this year / to slow inflation.

中央銀行は，インフレを抑えるために，金利を引き上げるとともに，今年さらに 6 回の利上げを予定している。

---

pencil [pénsəl]

ペン，シルバー層向け講演会用に大量購入を予定する

【他動】1. 仮に計画（指定）する，予定する；　2.〔～を〕鉛筆で書く（記す・描く・下書きをする）

---

pencil in【句動】〔会合・日程などを〕予定表（日程表・スケジュール表）に書き込む，予定に入れておく

62 | flank

Soft red winter <u>wheat</u>, / commonly used for sponge cakes, cookies and crackers, / is <u>grown</u> / mainly in states that <u>flank</u> the Mississippi River.

スポンジケーキ，クッキー，クラッカーに一般的に使用される柔らかく赤い冬小麦は，主にミシシッピ川に隣接する州で栽培されている。

---

flank [flǽŋk]
フランクフルト用の調理台はキッチンの側面に位置する

【他動・自動】側面に立つ，側面に位置する，側面を守る，
隣接する

---

wheat [hwíːt]【名】小麦
grow [gróu]【他動】〔作物を〕栽培する

63 | buoyant

The growing losses / caused by the sharp declines in the Dow and the Nasdaq Composite Index / have <u>dealt a further blow to</u> a once-<u>buoyant</u> market.

ダウとナスダック総合指数の急落による損失の拡大は，かつては活況を呈していた市場にさらなる打撃を与えた。

---

buoyant [bɔ́iənt]
ボーイ，餡とクリームの売上の上昇傾向の継続を感じる

【形】1.〔経済などが〕上昇傾向の；　2. 楽天的な，快活
な；浮き浮きした；　3.〔液体や気体が〕浮揚性の，
物を浮かび上がらせる；　4. 浮力のある，浮かび上

がる

deal a blow to 〜に一撃を加える，〜に打撃を与える

64 | messy

Some major pharmaceutical companies and their executives / appear to be <u>heading for</u> a <u>messy</u> <u>courtroom battle</u>.

一部の大手製薬会社とその幹部は，厄介な法廷闘争に向かっているようだ。

---

messy [mési]

飯（メシ）がないのが，力仕事に最も厄介な問題

【形】1. 厄介な，込み入った；　2.〔部屋などの場所が〕散らかった，乱雑な，汚い，むさ苦しい；　3.〔作業などが物や人の手などを〕汚す，手の汚れる

---

head for【句動】〜に向かう，〜の方に進む
courtroom battle 法廷での争い

65 | reign

<u>At issue</u> is / who will <u>reign supreme</u> / in the emerging video-streaming industry.

問題は, 新興のビデオストリーミング業界で, 誰が君臨するかである。

---

reign [réin]

レインコートの新素材を特許でおさえて市場を支配する

【自動】1. 支配する，主権を握る，君臨する，王の位につ

51

く； 2. 大流行する，行き渡る
【名】1. 実権を握る期間； 2.〔王などの〕在位期間，治
世

at issue 〔問題などが〕論争中の，未解決の
reign supreme 君臨する，支配的な力を持つ

66 | rein

The European Union passed two <u>sweeping</u> new digital regulations / to <u>rein in</u> major tech companies.

欧州連合は，主要なテクノロジー企業を統制するために，2 つの抜本的な新しいデジタル規制を可決した。

rein [réin]
礼！インドアでもチームを統制するために大声で試合開始

【自動】〔馬を手綱で〕操る
【他動】1.〔～を〕統制（制御）する； 2.〔手綱などで
～を〕止める，阻止する

sweeping [swíːpiŋ]【形】〔影響などが〕広範囲の，全面的な
rein in ～を抑制する

67 | creep

The price of liquefied natural gas / <u>delivered</u> in the years ahead / has <u>crept up</u> / as traders anticipated gas shortages in Europe.

今後数年間に引き渡される液化天然ガスの価格は，トレーダーが欧州でのガス不足を予想したため，上昇している。

---

creep [krí:p]

栗，一風変わった品種を探し，栗園を<u>のろのろ進む</u>

【自動】1. のろのろ（こっそり）進む，ゆっくり動く；
2. はう，ゆっくり近づく，忍び寄る；　3. 絡み付く

【名】1. 漸次的なゆっくりした変化（動き）；　2. 四つんばいで（はって）進むこと

---

deliver [dilívər]【他動】〔商品や手紙を〕配達する，届ける，納品する，配信する，供給する，送る

creep up【句動】徐々に上がる（上昇する・増加する）

68 | brazen

A Russian missile <u>strike</u> on a shopping mall in central Ukraine / is said to be one of the most <u>brazen</u> terrorist acts / in the history of Europe.

ウクライナ中部のショッピング・モールへのロシアのミサイル攻撃は，ヨーロッパ史上で最も恥知らずのテロ行為と言われている。

---

brazen [bréizən]

無礼ざんまいにふるまう根っからの<u>恥知らずの人</u>

【形】1. 恥知らずの，鉄面皮の，厚かましい，ずうずうしい；　2. 真ちゅう（製）の，真ちゅうのような

---

strike [stráik]【名】〔（特に空から）拠点への〕攻撃，空爆

crunch

Due to the new car <u>inventory</u> <u>crunch</u>, / some used cars were sold / at higher prices than the original price.

> 新車在庫の逼迫のため，中古車の中には，元の価格よりも高い価格で販売されたものがある。

---

crunch [krʌ́ntʃ]

空欄，ちぎれて監督者に報告，テスト時間が<u>不足</u>する

【名】1.〔深刻な〕不足，危機，緊張； 2.〔食べ物などを〕かみ砕くこと； 3.〔食べ物などを〕かみ砕く音

---

inventory [ínvəntɔ̀ri]【名】1. 在庫； 2. 全ての物のリスト（一覧表）； 3.〔店内の〕全商品

claw back

The Securities and Exchange Commission will make public companies <u>claw back</u> <u>compensation</u> / previously awarded to executives / if they find significant errors in their financial statements.

> 証券取引委員会（SEC）は，上場企業が財務諸表に重大な誤りを発見した場合，過去に役員に支給された報酬を取り返すよう求めるだろう。

---

claw back

苦労ばっかりのプロジェクトの遅れを<u>やっと取り戻す</u>

【句動】〜を徐々に取り戻す，間接的な方法で取り戻す，

> やっと取り戻す，回収する，増税で取り戻す

claw [klɔ́] 【他動】1.〔～を〕裂く，引っ張る，爪で引っかく；2.〔～を〕逮捕する
compensation [kὰmpənséiʃən] 【名】給料，報酬，賃金，給与

71 mend

The purpose of the <u>National Security Council</u> officials' visit to some Middle Eastern countries / was to <u>mend fences</u> with officials in those countries.

> 国家安全保障会議の当局者が一部の中東諸国を訪問した目的は，それらの国々の当局者との関係を修復することだった。

---

mend [ménd]

面倒でも友人との関係を<u>修復する</u>ために努力する

【他動】修繕する，修理する，修復する，直す

National Security Council 〔米国の〕国家安全保障会議
mend fences 〔壊れた〕人間関係を修復する，〔人と〕仲直りする

72 tilt

Although the S&P 500 rose about 9% month-on-month last month, / the current macroeconomic environment could <u>tilt</u> the stock market / either better or worse.

> S&P 500 は先月に前月比約 9% 上昇したが，現在のマクロ経済環境は，株式市場を良くも悪くも傾ける可能性がある。

> **tilt** [tílt]
> **手，要る！と助けを呼びに行く船長は船首を傾ける**
>
> 【他動】1. 傾ける，斜めにする，傾けて〜の中身をあける；　2.〔〜に〕突撃する，やりで突く
> 【自動】1. 傾く；　2.〔やりなどで〜を〕突く
> 【名】1. 傾き，傾斜，斜面，偏向；　2. 討論，論争，攻撃

73 | scuttle

It is unavoidable / to seek to <u>scuttle</u> the acquisition of semiconductor-related companies / by foreign companies / to prevent the transfer of <u>cutting-edge</u> technology abroad.

最先端技術の海外移転を阻止するため，外国企業による半導体関連企業の買収を断念させることはやむを得ない。

> **scuttle** [skʌ́tl]
> **スカッとルーティンの散歩をするために二次会を断念する**
>
> 【他動】〔船に〕穴を開けて沈める（沈没させる），〔計画などを〕断念する，やめる
> 【自動】急いで行く，ちょこちょこ走る，慌てて走る，ほうほうの体で逃げる

cutting-edge【形】最先端の（を行く），最新鋭の，最前線の

74 | evade

The U.S. government has warned cryptocurrency companies / to be <u>on the lookout for</u> attempts to <u>evade</u> sanctions / imposed by Russia's Ukraine invasion.

> 米国政府は，ロシアのウクライナへの侵攻によって課された制裁を回避しようとする試みに目を光らせるよう，暗号通貨会社に警告した。

---

evade [ivéid]
伊・米・独はラグビー強豪国との対戦を<u>避ける</u>抽選を願う

【他動】1.〔義務・問題・支払いなどを〕避ける（回避する・をうまく切り抜ける），〔巧妙に・ずるい方法で～から〕逃れる；　2.〔法律の目を〕くぐる；
3.〔質問を〕はぐらかす

---

lookout [lúkàut]【名】警戒，見張り
on the lookout for　～に目を光らせて，～に気を付けて，～を看視して

75 | arsenal

If Poland provides fighter jets to Ukraine, / it will be necessary to consider ways / to <u>replenish</u> Poland's <u>arsenal</u>.

> ポーランドが戦闘機をウクライナに提供する場合，ポーランドの兵器を補充する方法を検討する必要があるだろう。

> **arsenal** [ɑ́rsənəl]
> **朝なるべく早くに貯蔵武器の在庫を確認**
> 【名】1. 貯蔵武器（兵器）；　2. 武器庫，兵器庫；　3. 備品，在庫，蓄積，宝庫；　4.〔考え・物など〕蓄積，宝庫

replenish [ripléniʃ]【他動】〔～を〕（再び）満たす，補給する，補充する，継ぎ足す

76 | descend

Despite the government's <u>economic stimulus measures,</u> / the economy <u>descended into</u> the <u>doldrums</u> / <u>induced</u> by the COVID-19 pandemic.

> 政府の経済刺激策にもかかわらず，経済は新型コロナウイルスの大流行によって引き起こされた不振に陥った。

> **descend** [disénd]
> **で，船頭は，お客が船を下りる時にどこにいたの？**
> 【自動】1. 下りる，降りる，降下する，傾斜する；　2. 数が少なくなる，低下する；　3.〔祖先から子孫に〕伝わる

economic stimulus measures　経済刺激策
descend into　〔悪い状態など〕に陥る
doldrums [dóuldrəmz]【名】憂鬱，不振，沈滞（状態），低迷
induce [indúːs]【他動】誘導する，誘発する

77 | subside

Many office workers are expected to continue to work remotely / at least part-time / after the COVID-19 pandemic subsides.

> 多くのオフィスワーカー（オフィス労働者）が，新型コロナウイルスの大流行が収まった後も，少なくともパートタイムでリモートワークを続けると予想される。

---

subside [səbsáid]

さぶ〜（寒い〜），再度，屋内で弱まる体力を回復させる

【自動】1.〔強さが〕弱まる，〔活動が〕低下する；
2.〔通常よりレベルが〕下がる； 3.〔溶液中で〕沈殿する

---

78 | conviction

Investors' anxiety stems from a conviction / that regulators around the world are seeking / to challenge more takeover deals on antitrust grounds.

> 投資家の不安は，世界の規制当局が，独占禁止上の理由でより多くの買収取引に異議を唱えようとしているという確信から生じている。

---

conviction [kənvíkʃən]

コンビ，クッションだけの部屋でも有名になれると確信する

【名】1.〔〜に関する〕確信； 2. 強い信念； 3. 有罪判決（証明）； 4. 説得力

---

stem from【句動】〜から生じる，〜から起こる，〜が原因である，〜に由来する

antitrust [æ̀ntaitrʌ́st]【形】独占禁止の，反トラストの

ground [gráund]【名】根拠，原因，理由

79 | divvy

Creditors of a luxury home goods company / that filed for Chapter 11 protection / have gathered in the federal bankruptcy court / to find out / how the company's assets would be divvied up.

米連邦破産法 11 条の適用を申請した高級家庭用品会社の債権者が，同社の資産がどのように分配されるかを調べるために，連邦破産裁判所に集まった。

---

divvy [dívi]
ジビエの販売で得た収入を捕獲者に分配する

【他動】1.〔利益などを〕分配する，分け合う；　2.〔仕事などを〕分担する

---

creditor [kréditər]【名】債権者

（**参考**）米連邦破産法 11 条
再建型の企業倒産処理を規定した米連邦破産法の第 11 条のこと。日本の民事再生法に類似し，旧経営陣が引き続き経営しながら負債の削減など企業再建を行うことができる。（出所：野村証券用語解説集）

80 | discourse

Many U.S. legislators are concerned / that high-tech companies have too much influence over American <u>discourse</u>.

多くの米国議員が，ハイテク企業が米国の言説に大きな影響力を持ちすぎていることを懸念している。

---

discourse [dískɔːrs]

辞す！こうすれば，言説に悪影響の方針変更に反対を示せる

【名】1. 言説；　2. 討論，対話，対談；　3. 講話，講演，論説，論文

【米国連邦政府】

　米国は，英国からの独立を求めた 13 の植民地が，それぞれ独立した州の連合として建国された経緯もあり，連邦政府の権限は，州間の通商の規制，国防への支出，貨幣の鋳造，移住や帰化の規制，諸外国との条約締結などの合衆国憲法（**U.S. Constitution**）で明確に付与されているものに限定されています。

　その連邦政府（**federal government**）は，立法府（**legislative branch**），行政府（**executive branch**），司法府（**judicial branch**）から成っています。連邦政府の立法府である連邦議会（**Congress**）は，上院（**Senate**）と下院（**House of Representatives**）で構成されています。上院

議員（senator）の総数は 100 名で，全米 50 の各州から 2 名ずつ選出されます。上院議員の任期は 6 年で，議員の 3 分の 1 が 2 年ごとに改選されます。下院議員（representative）の任期は 2 年で総数は 435 名です。

記憶用見出し語一覧②

(1) 見出し語番号　　(2) 見出し語
(3) 見出し語の (連想 (語呂合わせ) 文での) 意味　　(4) 連想 (語呂合わせ) 文

(1)	(2)	(3)	(4)
41	underscore	明確に示す	安打数，コアの評価指標とGMが選手に明確に示す
42	unravel	つぶす	餡，ラベルに記載無く不正！と競合の面目をつぶすいやがらせ
43	utterance	発言	当たらん，すぐに浮かんだクイズの答えを発言しても
44	vital	不可欠な	倍（で）足る？売上増の製品に不可欠な部品調達に奔走
45	vow	固く約束する	場，うまく取り繕って逃げきると固く約束する共犯者
46	walkout	ストライキ	鵜を飼うという社長に不満な社員がストライキを決行
47	perplex	当惑させる	パー・プレー！くす玉割る騒々しさが回りを当惑させる
48	altruistic	利他的な	（在庫）在ると売る椅子，地区内需要増も利他的な安値を維持
49	red-hot	猛烈な	レッド！はっと我に返るとカードを持つ審判と猛烈なブーイング
50	anecdotal	裏付けに乏しい	兄，区道通るはずという弟の話は裏付けに乏しい
51	quash	無効化する	詳しゅう聞くと，開発案を無効化する策に興味を示す長老
52	bout	不快な状態	場，うとうと眠くなるほど退屈で不快な状態の会議
53	bonanza	大儲け	棒なんざ何になる！と思ったら骨董的価値で大儲け

54	cripple	損なわせる	栗，ぷるぷるゼリーに入れたら生産設備を損なわせる人気
55	batter	打ちのめす	バター不足がケーキ業界を打ちのめす
56	fracture	割れ目	「不落」，着実な城壁の割れ目の修復で城の名声を支える
57	hew	順守する	比喩を使って規則を順守するよう説得する
58	malaise	低迷	稀，いずれ低迷企業が復活するとの予測が当たるのは
59	fraught	切迫した	風呂と晩酌は，家計が切迫した時も欠かせない
60	rout	敗走	労と金をつぎ込んだ軍事作戦も結果は敗走
61	pencil	予定する	ペン，シルバー層向け講演会用に大量購入を予定する
62	flank	側面に位置する	フランクフルト用の調理台はキッチンの側面に位置する
63	buoyant	上昇傾向の	ボーイ，餡とクリームの売上の上昇傾向の継続を感じる
64	messy	厄介な	飯（メシ）がないのが，力仕事に最も厄介な問題
65	reign	支配する	レインコートの新素材を特許でおさえて市場を支配する
66	rein	統制する	礼！インドアでもチームを統制するために大声で試合開始
67	creep	のろのろ進む	栗，一風変わった品種を探し，栗園をのろのろ進む
68	brazen	恥知らず	無礼ざんまいにふるまう根っからの恥知らずの人

69	crunch	不足	空欄，ちぎれて監督者に報告，テスト時間が<u>不足</u>する
70	claw back	やっと取り戻す	苦労ばっかりのプロジェクトの遅れを<u>やっと取り戻す</u>
71	mend	修復する	面倒でも友人との関係を<u>修復する</u>ために努力する
72	tilt	傾ける	手，要る！と助けを呼びに行く船長は船首を<u>傾ける</u>
73	scuttle	断念する	スカッとルーティンの散歩をするために，二次会を<u>断念する</u>
74	evade	避ける	伊・米・独はラグビー強豪国との対戦を<u>避ける</u>抽選を願う
75	arsenal	貯蔵武器	朝なるべく早くに<u>貯蔵武器</u>の在庫を確認
76	descend	下りる	で，船頭はお客が船<u>下りる</u>時にどこにいたの？
77	subside	弱まる	さぶ〜（寒い〜），再度，屋内で<u>弱まる</u>体力を回復させる
78	conviction	確信	コンビ，クッションだけの部屋でも有名になれると<u>確信</u>する
79	divvy	分配する	ジビエの販売で得た収入を捕獲者に<u>分配する</u>
80	discourse	言説	辞す！こうすれば，<u>言説</u>に悪影響の方針変更に反対を示せる

81 | eschew

It is unrealistic / to force the <u>activist investor</u> known for <u>eschewing</u> <u>norms</u> / to continue owning a company / he says he wants to sell.

> 規範を避けることで知られるアクティビスト（物言う）投資家に，売りたいと言っている会社を無理に所有させ続けることは非現実的である。

---

eschew [istʃúː]

椅子，注文時に予備を含めて後々の不足を避ける

【他動】〔好ましくないことなどを〕避ける，控える，慎む

---

activist investor アクティビスト（物言う）投資家
norm [nɔ́rm]【名】規範，基準，水準

82 | garner

Until a few years ago, / many driverless-car <u>startups</u> / seeking to <u>advance</u> <u>autonomous</u>-driving technology / <u>garnered</u> attention.

> 数年前まで，全自動運転技術の前進を目指す多くの無人自動車の新興企業が注目を獲得した。

---

garner [gɑ́rnər]

蛾，穴にどう反応するのかの情報を観察して獲得する

【他動】1.〔支持などを〕獲得する； 2.〔穀物倉・貯蔵庫などに〕蓄える，蓄積する； 3.〔情報を〕集める

---

startup [stɑ́rtÀp]【名】スタートアップ（新興）企業
advance [ədvǽns]【他動】〔成長や進歩を〕促進する
autonomous [ɔtɑ́nəməs]【形】自主的な，自立した，自律性の，自治の

83 | balk

Refiners <u>balked</u> at buying Russian oil, / considering that energy would be subject to Western sanctions on Russia.

精製業者は，エネルギーがロシアに対する西側諸国の制裁の対象になると考え，ロシアの石油の購入をためらっていた。

balk [bɔ́k]
牧場での生活に<u>尻込みする</u>都会育ちの人

【自動】ためらう，尻込みする

84 | scoop

Some companies <u>scooped up</u> competitors / as a <u>means</u> to expand sales.

売上を拡大するための手段として，競合他社を買い漁った会社もある。

> **scoop** [skú:p]
>
> **救うプロの救急隊員を全国からかき集める**
>
> 【他動】1.〔急いで〜を〕かき集める，引き寄せる；
> 2.〔スプーン形の用具・手などで〜を〕すくう，
> すくい出す，すくい上げる； 3.〔穴を〕掘る，
> ほじくる； 4.〔特ダネで他社を〕を出し抜く，
> スクープする

scoop up【句他動】〔人より早く〜を〕手に入れる，買いあさる，
買いつくす
means [mí:nz]【名】手段，方法，手法

85 | banner

Companies that saved cash / in the early days of the
COVID-19 pandemic / are <u>gearing up for</u> a <u>banner year</u>
for M&A deal-making.

> 新型コロナウイルスの大流行の初期に現金を蓄えた会社は，M&A（合
> 併・買収）取引の当たり年に向けて準備をしている。

> **banner** [bǽnər]
>
> **バーなら非常にうまくいったが土産物屋はそれほどでも**
>
> 【形】非常にうまくいった，特に優れた
> 【名】1. 国旗，軍旗； 2. 横断幕，垂れ幕

gear up for 〜の準備をする
banner year 〔商売などの〕最高（成功）の年，当たり年

86 | reverberate

The impact of economic sanctions by the U.S. and Europe / reverberated across Russia.

米国とヨーロッパによる経済制裁の影響は，ロシア全体に反響した。

> **reverberate** [rivə́:rbərèit]
> 「レバーば冷凍」という定食屋主人の訛りが店に**反響する**
> 【自動】反響する，こだまする，鳴り響く

87 | hinder

The growth of online retailers has been helped / rather than hindered by the COVID-19 pandemic.

オンライン小売業者の成長は，新型コロナウイルスの大流行によって，妨げられているどころか，むしろ助けられている。

> **hinder** [híndər]
> 貧打が絶好調の味方投手の勝利を**妨げる**
> 【他動】邪魔する，妨げる，妨害する，遅らせる

88 | intermittent

Intermittent protests against a rise in prices / have taken place / since last month.

先月以降，物価の上昇に対する抗議行動が断続的に行われている。

> **intermittent** [intərmítənt]
> **インター（チェンジ）見たとたんにエンジンが一時的に止まる**
>
> 【形】一時的に止まる，断続（間欠）的な（に発生する）

protest [próutest]【名】抗議行動，反対運動

89 emanate

The recent economic data <u>suggest</u> / that the U.S. can <u>withstand</u> the economic shock / that might <u>emanate</u> from Russia's invasion of Ukraine.

> 最近の経済データは，米国がロシアのウクライナ侵攻で生じうる経済的打撃に耐えうる状況にあることを示唆している

> **emanate** [émənèit]
> **絵馬，ねいと（無いと）はと，落胆して神社から出てくる**
>
> 【自動】1.〔情報などが〕～から出てくる，～で生まれる；　2.〔光などが〕～から発（発散）する

suggest [sʌgdʒést]【他動】〔～を〕示唆する，暗示する，ほのめかす

withstand [wiðstǽnd]【他動】〔～に〕耐える，持ちこたえる，〔～を〕やり過ごす

90 outflank

European cloud companies accuse big U.S. tech companies of trying to <u>outflank</u> them / by <u>abusing</u> their position / as the world's largest cloud companies.

欧州のクラウド企業は，米国の大手テクノロジー企業が，世界最大規模のクラウド企業としての地位を悪用して，ヨーロッパ企業を出し抜こうとしていると非難している。

---

outflank [àutflǽŋk]

会うとフランクフルトで歓待しつつ<u>出し抜く</u>機会を伺う競合相手

【他動】1.〔敵などを〕側面から包囲する，出し抜く；
　　　　2.〔～の〕裏をかく

---

abuse [əbjúːz]【他動】〔～を〕誤用する，〔～を〕悪用する，〔～を〕乱用する，〔～を〕裏切る

---

91 | gird

Big banks <u>set aside</u> billions of dollars for loan losses / as they <u>girded</u> for <u>defaults</u> / of their corporate and consumer clients.

大手銀行は，企業と個人の顧客の債務不履行に備え，貸倒損失のために数十億ドルを確保（貸倒引当金を計上）した。

---

gird [ɡə́ːrd]

ガードレールの後ろに隠れて暴走車の追突に<u>身構える</u>

【自動】（身）構える
【他動】1.〔帯などで～を〕くるむ，縛る；　2.〔～を〕取り囲む，〔～を〕取り巻く；　3.〔～を〕寄贈する，〔～を〕授ける

---

set aside【句動】〔時間・金などを〕残しておく，確保する，取っておく

default [difɔ́lt / difɔ́lt]【名】債務不履行，支払いを怠ること

After the biggest <u>low-cost airline</u> <u>pullout</u> / from the busiest hub in the U.S., / a <u>turf</u> war among rival airlines at that airport / was <u>sparked</u>.

> 格安航空会社の最大手が，米国で最も利用者の多いハブ空港から撤退した後，その空港でのライバル航空会社間の縄張り争いに火が付いた。

---

turf [tə́ːrf]

タフな戦いをしのいで**縄張り**を守る

【名】1. 縄張り，〔ギャングの〕しま；　2. 芝土；　3. 人工芝；　4. 競馬場（の走路）

---

low-cost airline　格安航空会社
pullout [púlàut]【名】撤退，撤兵，引き揚げ
spark [spáːrk]【他動】引き起こす，〔～の〕火付け役となる，〔～の〕口火を切る

Allowing airlines to add flights during busy hours / could lead to more <u>snags</u> at airports.

> 忙しい時間帯のフライトの追加を航空会社に許可すると，空港での思わぬ障害を増やす可能性がある。

---

snag [snǽg]

砂ぐらい，と油断したら車両通行の思わぬ障害に

【名】1. 思わぬ障害（妨害），〔ちょっとした〕難点，潜在的問題；　2. 沈み木；　3.〔森の中の〕枯れた立木

94 contagion

Today's <u>plunge</u> in stock prices suggested / that investors feared a global economic <u>contagion</u>.

本日の株価の急落は，投資家が世界的な経済の悪影響を懸念していることを示唆している。

contagion [kəntéidʒən]
鑑定時，呼んだ専門家の発言が古美術評価に悪影響

【名】1. 悪影響；　2. 伝染（病）；　3.〔感情・気分・態度などの〕伝染，伝播，波及，感化

plunge [plʌndʒ]【名】〔価格などの急な〕下落，低下

95 pry

Europe is trying to <u>pry open</u> national borders / to <u>restore</u> economic activities / without restarting the COVID-19 pandemic.

欧州は，新型コロナウイルスの大流行を再開させることなく経済活動を回復させるために，国境を開こうとしている。

pry [prái]
プライド高い社長の心をこじ開けることで資金援助を得る

【他動】1. ～をこじ開ける，力ずくで～を外す（開ける）；

> 2. 〜を何とか聞き出す，苦労して〜を引き出す

pry open 〔ドア・蓋などを〕こじ開ける
restore [ristɔ́r]【他動】〔〜を〕元の状態に戻す，〔〜を〕修復（復元・復旧）する

96 | embrace

Even chief marketing officers, / who have <u>shown little interest in</u> dealing with risk, / are being forced to <u>grapple with</u> <u>embracing</u> it.

> これまで，リスクへの対応にあまり興味を示さなかった最高マーケティング責任者でさえ，リスクの活用に取り組まざるを得なくなっている。

---

embrace [embréis]
円舞，レース地を使う出演者の案を活用する演出家

【他動】1.〔進んで〜を〕利用（活用）する； 2.〔申し出などを〕受け入れる，〔主義などを〕採用する； 3.〔人を〕抱擁する，抱き締める； 4.〔〜を〕を含む，包含する
【自動】抱き合う

---

show little interest in 〜にはほとんど興味を示さない
grapple [grǽpəl]【自動】〔問題などに〕取り組む
grapple with 〔問題・課題などに〕取り組む

97 | ratchet

Trade tensions will <u>ratchet</u> higher / if the U.S. government imposes <u>tariffs</u> / on a wide range of imports from China.

通商面での緊張（貿易摩擦）は，米国政府が中国からの幅広い輸入品に関税を課せば，さらに高まるだろう。

---

ratch(et) [rǽtʃ(it)]
拉致となれば，制裁措置のレベルは<u>徐々に引き上がる</u>

【自動】1. 徐々に上がる（下がる）；　2.〔道具などがラチェットで〕かみ合って動く
【他動】1. 徐々に上げる（下げる）；　2.〔～を〕（ラチェットで）少しずつ動かす

---

tariff [tǽrif]【名】関税（法），関税表，関税率

98 | decorum

Some voters may elect Mr. Trump's <u>opponent</u> / in the next presidential election, / hoping for <u>decorum</u> in American politics.

一部の有権者は，アメリカ政治に礼儀正しさを求め，次の大統領選挙でトランプ氏の対立候補を選ぶかもしれない。

---

decorum [dikɔ́rəm]
事故・乱闘の回避に<u>礼儀正しさ</u>が時に役に立つ

【名】1. 礼儀正しさ；　2.〔慣習としての〕礼儀作法；　3.〔芸術作品などの形式が〕作法にかなっていること，統一感があること

---

opponent [əpóunənt]【名】対戦相手，競争相手，対抗者，反対者

99 | trespass

A former employee of a coffee chain / who has been leading unionization efforts of workers / at the company's distribution center / was arrested for <u>trespassing</u> at that <u>facility</u>.

> あるコーヒーチェーンの流通センターで労働者の組合活動を主導している同社元従業員が, その施設への不法侵入で逮捕された。

---

trespass [tréspəs]

撮れ！スパ，すぐに！と<u>不法侵入する</u>指示される撮影担当

【自動】不法侵入する，不法に侵害する

【他動】1. 〔義務・道徳などを〕逸脱する； 2. 〔法を〕破る

---

facility [fəsíləti]【名】施設, 設備

100 | buffet

A cloud company's security head / encouraged companies <u>buffeted</u> by on going cyberattacks / to <u>take shelter</u> in the cloud.

> あるクラウド企業のセキュリティ責任者は, 継続的なサイバー攻撃に襲われた企業に対し, クラウドに避難するよう促した。

---

buffet [bʌ́fət]

場（＝会場），笛等で盛り上げる計画を演者欠席が<u>打ちのめす</u>

【他動】1.〔風・雨・波などが～を〕（強く）打つ, 打ちのめす； 2.〔国・経済などを〕痛めつける,〔不運

などが人を〕翻弄する，もてあそぶ

【名】 1. ビュッフェ，ビュッフェスタイルの料理，バイキング形式の食事； 2. 食器棚

take shelter 避難（退避）する

101 | invoke

The U.S. government may seek to <u>invoke</u> Section 301 of the Trade Act / to protect America's edge in new technologies.

米国政府は，新技術における米国の優位性を保護するために，通商法第301条を発動しようとする可能性がある。

（通商法第301条は【米国の行政府―大統領府】の米国通商代表部を参照）

invoke [invóuk]

陰謀，国の対処が必要と規制を発動させる

【他動】 1. 〔法などに〕訴える，〔法令を〕発動させる，行使する； 2. 〔～を〕思い起こさせる，生じさせる，引き起こす，かき立てる，誘い出す

102 | bogus

It is difficult for outsiders to estimate / the share of <u>bogus</u> accounts on social-networking sites / without <u>access</u> to company data.

部外者が会社のデータにアクセスせずに，SNS上の偽アカウントの割合を推定することは困難である。

> **bogus** [bóugəs]
> **防ガス機能があると偽の情報を流すマスクメーカー**
> 【形】偽の，いんちきの，偽物の，偽りの，八百長の，
> でっち上げの

access [ǽkses] 【名】近づく（入る・利用する・入手する）権利

103 footing

The <u>surge</u> in U.S. consumer spending / was one of the
signs / that the economic recovery was <u>on solid footing</u>.

米国の個人消費の急増は，米国の景気回復が確かな足取りであるこ
との兆候の1つだった。

> **footing** [fútiŋ]
> **沸点，ぐっと上げる気圧の働きを圧力鍋販売の足場にする**
> 【名】1.〔しっかりした〕足場，足掛かり，地歩，地盤，
> 地位，身分，立場； 2. 足元の状態； 3.〔活動な
> どの〕拠点〔しっかりした〕足場，足掛かり，地歩，
> 地盤

surge [sə́ːrdʒ] 【名】急に高まること，急上昇，急増，急騰
on solid footing 強固な（しっかりした）基盤の上に

104 codify

The purpose of proposing a sanctions bill / is to <u>codify</u>
existing sanctions against Russia <u>into law</u>.

制裁法案を提案する主な目的は，ロシアに対する既存の制裁を法律
に成文化することである。

codify [kάdəfài]

故事，ファイルで保管前に資料で使えるよう<u>体系化する</u>

【他動】成文化する，法典に編む，体系化する

codify ~ in(to) law ～を法律に成文化する

105 fumble

Many states <u>fumbled</u> / with the logistics of distributing unemployment benefits / in response to the COVID-19 pandemic.

> 多くの州が，新型コロナウイルスの大流行に対応した失業給付を分配するロジスティクスに手こずった。

fumble [fʌ́mbl]

不安，ブルドーザーの代替機を<u>探し回る</u>も見つからない！

【自動】1.〔不器用に〕手探りする，探し回る，いじくり回す；　2. しくじる，へまをやる
【他動】〔～を〕不器用に扱う，〔～を〕下手にいじり回す

【米国連邦政府と州政府】

連邦政府，州政府（**state governments**），地方政府が権限を分かち合う連邦制を採用している米国では，政府が数層に分かれており，米国民は，日常的に異なるレベルの政府と様々な形で関わることになります。

そのうち，主権を持っている各州の州政府は，連邦政府

から監督されることはなく，連邦政府と同じ組織構成で，行政府の公選による首長（知事（governor）），独立した司法府，公選による立法府を持っています。また，各州には，それぞれに州憲法（state constitution）があり，総じて，連邦政府や他の州の介入を受けずに，法律を制定・施行し，税を課すことができます。州民等に適用される州法（state law）は，州議会によって採択され，州知事による署名により成立します。

106 potent

The SEC's proposal for new <u>mandatory</u> <u>disclosure</u> requirements / on climate change-related matters / could be a <u>potent</u> source of securities fraud <u>litigation</u>.

気候関連事項について新たに開示義務を課すという SEC（証券取引委員会）の提案は，証券詐欺訴訟の強力な材料になる可能性がある。

---

potent [póutənt]

ポテンと野手の間に落ちたヒットは強力なスイングの結果

【形】1. 強力な，強烈な，〔酒などが〕強い； 2. 勢力のある，有力な，人を納得させる； 3. 効き目のある，よく効く，効能がある

---

mandatory [mǽndətɔ̀ri]【形】命令の，義務的な，強制的な
disclosure [disklóuʒər]【名】〔情報の〕公開，開示
litigation [lìtəgéiʃən]【名】訴訟，起訴

107 cede

Food brands / slow to respond to Americans' changing demand for healthy products / have <u>ceded ground</u> / to supermarkets' private-brand products.

> 健康的な製品を求めるアメリカ人の需要の変化への対応が遅れた食品ブランドは，スーパーマーケットのプライベートブランド製品にその座を奪われてしまった。

---

cede [síːd]

（林檎のお酒）シードル醸造所は後継者なく<u>**譲渡する**</u>先を探す

【他動】〔権利などを〕譲渡する，引き渡す，割譲する，譲る

---

cede ground　道（領域）を譲る，地歩を失う

108 rupture

Ship anchors dragging across the seabed / have caused pipeline <u>ruptures</u> / in <u>waters</u> near <u>heavily trafficked</u> ports.

> 海底を横切って引きずる船の錨が，交通量の多い港の近くの海域でパイプラインの破裂を引き起こしてきた。

rupture [rʌ́ptʃər]

ラップ，ちゃんとかけすぎはレンジ使用時の<u>破裂</u>の原因

- 【名】1.〔物の〕破裂，爆発；　2. 不和，仲たがい，決裂，〔伝統などとの〕断絶；　3.〔体の組織の〕裂傷，断裂
- 【他動】〔～を〕裂く，破裂させる，〔関係などを〕決裂させる
- 【自動】裂ける，破裂する

water [wɔ́tər / wɑ́tər]【名】水域，海域，海水
heavily trafficked　交通量の多い

109 | blockbuster

Many pharmaceutical companies are facing a "patent cliff" / in which they lose patent protection on <u>blockbuster</u> drugs / that have generated huge sales over the years.

> 多くの製薬会社は，長年にわたって莫大な売上をあげてきた（大当たりとなった）大型薬品の特許保護を失う「特許の崖」に直面している。

blockbuster [blɑ́kbʌ̀stər]

ブロック，バスターミナルの形に積むだけのゲームが<u>大ヒット</u>

- 【名】1.〔映画・小説などの〕超大作，ビッグヒット，大ヒット（作），大当たり；　2. ブロックバスター（爆弾）

110 | vendetta

A career <u>hallmark</u> of the president's <u>appointee</u> / for vice chair of the Federal Reserve Board / has been his <u>vendetta</u> / against U.S. <u>fossil-fuel</u> companies.

大統領が連邦準備制度理事会（FRB）副議長に指名した人物のキャリアの特徴は，米国の化石燃料企業に対する確執にある。

---

vendetta [vendétə]
弁で立場の違いの確執を解消させるという仲介者

【名】1. 抗争，確執，反目 ；　2.〔家族や氏族間の〕血の復讐

---

hallmark [hɔ́:lmɑ̀rk]【名】特質，顕著な特徴
appointee [əpɔ̀intí/ æpɔintí]【名】被指名人，被任命者，被指定人
fossil [fásəl]【名】〔動植物の〕化石
fossil fuel 〔石炭・石油などの〕化石燃料

111 | pretext

Russia is using the fact that the turbine in Montreal has not been returned as a <u>pretext</u> / to <u>curb</u> the supply of natural gas in Europe.

ロシアは，（修理のために）モントリオール（の会社）にあるタービンが返還されていないことを，ヨーロッパの天然ガスの供給を抑制する口実として利用している。

---

pretext [prí:tekst]
プレー，テキストを使って説明済と言い訳するコーチ

【名】口実，弁解，名目，言い訳，もっともらしい理屈

---

curb [kə́:rb]【他動】抑える，制限する，歯止めをかける

112 | intimidate

The union is gathering evidence / that the company <u>intimidated</u> union supporters / throughout the union election process.

> 組合は，会社が組合選挙プロセスを通して組合支持者を脅した，と主張している。

---

intimidate [intímədèit]

印（印鑑），手間！デートへの遅刻を<u>おびえさせる</u>ほど！

【他動】1.〔脅しで人を〕怖がらせる，おびえさせる；
2.〔脅かして人に〜を〕強要する，させないようにする；　3.〔圧倒的な才能や富などが人を〕おじけづかせる

---

113 | splurge

Shoppers, / who <u>splurged on</u> food / earlier in the COVID-19 pandemic, / are now looking for cheaper options.

> 新型コロナウイルスの大流行の初期には食べ物に散財していた買い物客は，今やより安価なものを求めている。

---

splurge [splə́:rdʒ]

スープ，ラージサイズで<u>ぜいたくする</u>気分を味わう

【自動】1. ぜいたくをする，散財する；　2. 見せびらか

す，誇示する

splurge on ～に大金を惜しげもなく使う，～に散財する

114 | funnel

The former president of a major financial institution / is <u>suspected of</u> <u>funneling</u> millions of dollars of company funds / for his <u>personal use</u>.

大手金融機関の元社長が，個人的利用のために数百万ドルの会社の資金をつぎ込んだ疑いがある。

---

funnel [fʌ́nl]
ファン，寝る間を惜しみ稼いだ給料をアイドルにつぎ込む

【他動】1.〔資金などを〕つぎ込む；　2.〔金・情報などを〕送る；　3.〔～を〕じょうご状にする，（じょうごのような）狭い所に通す；　4.〔じょうご（状のもの）で液体などを〕注ぐ，流し込む
【名】1. じょうご；　2.〔機関車・汽船などの〕煙突

---

suspected of ～と疑われる，～したとされる
personal use 個人的利用，自家用

115 | endow

Both <u>endowing</u> cities with <u>amenities</u> / available to everyone / and making donations for medical and scientific research / are important approaches to <u>philanthropy</u>.

誰もが利用できる公共施設を都市に提供することと，医学や科学の研究に寄付することの両方が，慈善活動の重要なアプローチである。

> **endow** [endáu]
>
> **円，どう？と海外に<u>資産を提供する</u>慈善家が気にする為替相場**
>
> 【他動】1.〔～に〕基金を贈る，〔～に〕資産を提供する；
> 　　　　2.〔人に資質・特徴などを〕授ける，与える

amenity [əmíːnəti]【名】生活（暮らし）を便利に（楽に・楽しく）するもの（設備・公共施設）

philanthropy [filǽnθrəpi]【名】慈善，慈善活動，社会奉仕事業

116 | hamper

U. S. consumer spending could be <u>hampered</u> / by the rise in new <u>cases</u> / from the more <u>infectious</u> Omicron variant.

> 米国の個人消費が，より感染力の高いオミクロン株による新規感染者の増加により，妨げられる可能性がある。

> **hamper** [hǽmpər]
>
> **半端な意見が建設的な議論を<u>妨げる</u>**
>
> 【他動】〔～を〕妨げる，妨害する，邪魔する，阻む，阻止する，困らせる

case [kéis]【名】〔症例としての〕患者

infectious [infékʃəs]【形】〔病気が〕感染性の，感染力のある

117 | choppy

U.S. stocks fell in a <u>choppy</u> <u>trading session</u> / amid investor concerns / about the impact of the central bank's

86

interest-rate hike.

> 米国株は，中央銀行の利上げの影響についての投資家の懸念の中で，動きの激しい取引で下落した。

---

choppy [tʃápi]

茶，ピーク越えの需要増は動きの激しい菓子利用のため

【形】1. 動き（変動）の激しい； 2.〔風が〕突然変わる，不安定な

---

trading session　売買立会（売買取引）

118 | hodgepodge

The U.S. economy is / a <u>hodgepodge</u> of strong and weak data, / including the record-low unemployment rate / and weak existing-home sales.

> 米国経済は，過去最低の失業率や中古住宅販売の低迷など，強気と弱気のデータが混在している。

---

hodgepodge [hádʒpàdʒ]

恥！パジャマと食品がごちゃ混ぜの棚を友人に見られる

【名】ごた（ごちゃ）混ぜ，寄せ集め

---

119 | skirt

The Chief Executive Officer of a major financial institution said / at a Securities Industry Association meeting / that the U.S. might <u>skirt</u> a <u>recession</u>.

> 大手金融機関の最高経営責任者（CEO）は，証券業協会の会合で，

米国は景気後退を回避する可能性があると述べた。

---

skirt [skə́ːrt]

スカート売場は，衝動買いを回避するために避けて通る

【他動】1.〔問題などを〕回避する；　2.〔～の〕周辺を
通る，〔～の〕周囲をまわる（巡る）；　3. 避けて
通る，敬遠する

【自動】1. 周辺を通る，避けて通る；　2. 周辺にある（位
置する）

---

recession [riséʃən]【名】景気後退，（一時的な）不景気

120 | **affront**

Some argued / that <u>forgiving</u> student debt would be an
<u>affront</u> / to the borrowers / who <u>repaid</u> their loan bal-
ances.

学生ローンの返済を免除することは，ローンを返済する借り手に対
する侮辱になるとの意見があった。

---

affront [əfrʌ́nt]

あ！フロント係りが舌打ち！常連客に何たる侮辱

【名】〔面と向かった〕侮辱，無礼
【他動】〔公然と～を〕侮辱する

---

forgive [fərgív]【他動】〔義務・債務などを〕免除する
repay [ripéi]【他動】〔お金を〕払い戻す，返金する，返済する

(1) 見出し語番号　　(2) 見出し語
(3) 見出し語の（連想（語呂合わせ）文での）意味　　(4) 連想（語呂合わせ）文

(1)	(2)	(3)	(4)
81	eschew	避ける	椅子，注文時に予備を含めて後々の不足を避ける
82	garner	獲得する	蛾，穴にどう反応するのかの情報を観察して獲得する
83	balk	尻込みする	牧場での生活に尻込みする都会育ちの人
84	scoop	かき集める	救うプロの救急隊員を全国からかき集める
85	banner	非常にうまくいった	バーなら非常にうまくいったが土産物屋はそれほどでも
86	reverberate	反響する	「レバーば冷凍」という定食屋主人の訛りが店に反響する
87	hinder	妨げる	貧打が絶好調の味方投手の勝利を妨げる
88	intermit-tent	一時的に止まる	インター（チェンジ）見たとたんにエンジンが一時的に止まる
89	emanate	出てくる	絵馬，ねいと（無いと）はと，落胆して神社から出てくる
90	outflank	出し抜く	会うとフランクフルトで歓待しつつ出し抜く機会を伺う競合相手
91	gird	身構える	ガードレールの後ろに隠れて暴走車の追突に身構える
92	turf	縄張り	タフな戦いをしのいで縄張りを守る
93	snag	思わぬ障害	砂ぐらい，と油断したら車両通行の思わぬ障害に

94	contagion	悪影響	鑑定時，呼んだ専門家の発言が古美術評価に<u>悪影響</u>
95	pry	こじ開ける	プライド高い社長の心を<u>こじ開ける</u>ことで資金援助を得る
96	embrace	活用する	円舞，レース地を使う出演者の案を<u>活用する</u>演出家
97	ratchet	徐々に引き上がる	拉致となれば，制裁措置のレベルは<u>徐々に引き上がる</u>
98	decorum	礼儀正しさ	事故・乱闘の回避に<u>礼儀正しさ</u>が時に役に立つ
99	trespass	不法侵入する	撮れ！スパ，すぐに！と<u>不法侵入する</u>指示される撮影担当
100	buffet	打ちのめす	場（＝会場），笛等で盛り上げる計画を演者欠席が<u>打ちのめす</u>
101	invoke	発動させる	陰謀，国の対処が必要と規制を<u>発動させる</u>
102	bogus	偽の	防ガス機能があると<u>偽の</u>情報を流すマスクメーカー
103	footing	足場	沸点，ぐっと上げる気圧の働きを圧力鍋販売の足場にする
104	codify	体系化する	故事，ファイルで保管前に資料で使えるよう<u>体系化する</u>
105	fumble	探し回る	不安，ブルドーザーの代替機を<u>探し回る</u>も見つからない
106	potent	強力な	ポテンと野手の間に落ちたヒットは<u>強力な</u>スイングの結果
107	cede	譲渡する	（林檎のお酒）シードル醸造所は後継者なく<u>譲渡する</u>先を探す
108	rupture	破裂	ラップ，ちゃんとかけすぎはレンジ使用時の破裂の原因

109	blockbust-er	大ヒット	ブロック，バスターミナルの形に積むだけのゲームが<u>大ヒット</u>
110	vendetta	確執	弁で立場の違いの<u>確執</u>を解消させるという仲介者
111	pretext	言い訳	プレー，テキストを使って説明済と<u>言い訳</u>するコーチ
112	intimidate	おびえさせる	印（印鑑），手間！デートへの遅刻を<u>おびえさせる</u>ほど！
113	splurge	ぜいたくする	スープ，ラージサイズで<u>ぜいたくする</u>気分を味わう
114	funnel	つぎ込む	ファン，寝る間を惜しみ稼いだ給料をアイドルに<u>つぎ込む</u>
115	endow	資産を提供する	円，どう？と海外に<u>資産を提供する</u>慈善家が気にする為替相場
116	hamper	妨げる	半端な意見が建設的な議論を<u>妨げる</u>
117	choppy	動きの激しい	茶，ピーク越えの需要増は<u>動きの激しい</u>菓子利用のため
118	hodge-podge	ごちゃ混ぜ	恥！パジャマと食品が<u>ごちゃ混ぜ</u>の棚を友人に見られる
119	skirt	回避する	スカート売場は，衝動買いを<u>回避する</u>ために避けて通る
120	affront	侮辱	あ！フロント係りが舌打ち！常連客に何たる<u>侮辱</u>

121 | **frack**

American <u>frackers</u> are concerned / that the coming U.S. <u>vaccine mandate</u> will worsen the worker <u>crunch</u> / as they try to increase oil and gas production.

> 米国の水圧破砕業者は，石油・ガスの生産量を増やそうとする際に，来る米国のワクチン接種義務化が深刻な労働者不足を悪化させることを懸念している。

fracker 〔石油などの〕水圧破砕業者（企業・作業員）

---

frack [frǽk]
不落の城壁を水圧破砕することで打ち破る

【他動】〔〜を〕水圧破砕する

---

vaccine mandate 　ワクチン接種義務
crunch [krʌ́ntʃ] 【名】1.〔深刻な〕不足； 　2.〔食べ物などを〕かみ砕くこと； 　3.〔食べ物などを〕かみ砕く音； 　4.〔金融の〕逼迫，引き締め

122 | **herd**

<u>Herd immunity</u> is indirect protection from an <u>infectious disease</u> / that happens when a population is <u>immune</u> / through vaccination or immunity developed through the previous <u>infection</u>.　　　　(世界保健機関 (WHO) webpage)

> 集団免疫は，ワクチン接種または以前の感染によって生じた免疫を通して，ある集団が免疫を獲得した時に起きる，感染症からの間接的な防御である。

---

herd [hə́:rd]

波動まで感じる**群衆**のデモ行進

【名】1. 民衆，群衆，民衆；　2.〔牛，馬などの大きな動
　　　物の〕群れ

【他動】1.〔牛，馬などの大きな動物を〕駆り集める；
　　　　2.〔人を〕（追い）集める；　3.〔牛，羊などの〕
　　　　番をする

【自動】集まる，集合する

herd immunity　集団免疫
immunity [imjúːnəti] 【名】〔病気に対する〕免疫（性）
infectious disease　感染病，感染症
immune [imjúːn] 【形】〔病気・毒などに対して〕免疫（性）の，免
疫になっている
infection [infékʃən] 【名】感染（部），感染症

123 | loath

The Centers for Disease Control and Prevention was
loath to take an action / that was unclear / as to wheth-
er it was within its public-health powers.

アメリカ疾病管理予防センター（CDC）は，その公衆衛生の権限の
範囲内であるかどうかについて不明確な行動を取ることは，気が進
まなかった。

loath [lóuθ]

櫓，渦巻く海に出る強度ないと，嫌がっている船頭

【形】嫌々の，渋々，嫌がって，気がない，〔～が〕大嫌い
で

public health　公衆衛生
power [páuər] 【名】〔法的な〕権限

124 pawn

Some people think / online retailers are like unregulated pawnshops, / as organized crime gangs steal goods from retail stores in bulk / and sell them online.

> 組織だった犯罪集団が小売店からまとめて商品を盗み，それをオンライン上で販売しているため，オンライン小売業者は，規制されていない質屋のようだと考えている人がいる。

pawnshop　質屋

---

pawn [pɔ́n]
ポンチ絵で，質入れ，質草などの質屋の仕組みを教える

【他動】〔～を〕質に入れる，賭ける，賭けて誓う
【名】質入れ，質草，担保，人質

---

bulk [bʌ́lk] 【名】かさ，体積，容積，容量，多量
in bulk　大量に

125 traitor

The House Republicans who voted for the bipartisan infrastructure bill in the House / were criticized as traitors.

> 下院で超党派のインフラ法案に賛成票を投じた下院共和党議員は，裏切り者との批判にさらされた。

---

traitor [tréitər]
トレー，いたずらしてパン屋に被害を与える裏切り者

【名】裏切り者，反逆者，謀反人，売国奴

---

vote for　〜に賛成（して）投票する，〜に賛成票を投じる
bipartisan [baipɑ́rtəzən]【形】2 党の，2 派の，超党派の
the House　〔米国の〕下院

126 | improvise

Public-health authorities had to improvise / to secure more than 10 million face masks / from overseas suppliers in a short period of time.

> 公衆衛生当局は，海外のサプライヤーから短期間に 1,000 万個以上のフェイスマスクを確保するために，即興で対応しなければならなかった。

---

improvise [ímprəvàiz]
医務プロ，倍（増），ずさんな病院の改善策作成を即興でする

【自動】即興でやる，行き当たりばったりでやる，アドリブ演奏する
【他動】1.〔曲・詩などを〕即興で作る，即興で演奏する；　2.〔スピーチなどを〕即興でする；　3.〔席・食事などを〕一時しのぎに間に合わせる

---

secure [sikjúr]【他動】〔〜を〕確保する，〔〜を〕確実に手に入れる

127 | fodder

An auto company's review of its chairman's travel / became fodder for company officials / who pushed for his departure.

ある自動車会社が行った同社会長の出張の再調査は，彼の辞任を迫る同社職員の材料になった。

---

fodder [fάdər]

ほだされて話した本音が雑誌のネタになり驚くメダリスト

【名】1. ネタ，材料；　2. 飼料，飼い葉；　3.〔作品・演劇などの〕素材，ネタ

---

push [púʃ]【自動】押す，押し寄せる，押し進む，前進する
push for　～を得ようと努める，～を強く（執拗に）求める
departure [dipάrtʃər]【名】（職から）離れること，辞職，辞任，離職，退職

| **stature**

Founders of emerging cryptocurrency exchanges / sought to raise more money / to enhance their <u>stature</u> in the industry.

新興の暗号通貨取引所の創設者達は，業界での地位を高めるために，より多くの資金を調達しようとした。

---

stature [stǽtʃər]

スターチャート駆け上った過去の名声と地位

【名】1.〔獲得や到達した〕名声，偉大さ，地位；　2.〔人や馬などの〕身長，背丈；　3.〔進歩や発達の〕度合い，水準

---

129 | drag

Europe's economy has been a <u>drag</u> on global growth / for more than a decade, / which has been a drag on the earnings of large European companies.

欧州経済は，10年以上もの間，世界経済の成長の足を引っ張っており，そのことが，欧州の大企業の収益の足かせとなっている。

---

drag [dræg]
銅鑼（ドラ），軍の士気向上に役立っても移動には重荷

【名】1. 〔人を動きにくくする〕妨げ，障害物，足手まとい； 2. 〔仕事や人などが〕退屈なもの，うんざりさせるもの，面倒なもの； 3. 引きずる（引っ張る）こと； 4. 影響（力）
【他動】〔重い物を〕を引っ張る，〔のろのろと〕引きずる
【自動】引きずられる，引っ張られていく

---

130 | ensue

Financial <u>mayhem</u> <u>ensued</u> / whenever a stock valuation measure rose to a certain level.

ある株価評価基準が一定の水準に上昇した時はいつも，金融の混乱が（結果として）起こった。

---

ensue [ensú:]

演習直後の抜き打ち試験の<u>結果として起きる</u>生徒の不満

【自動】1. 後に続いて起きる； 2. 結果として起きる

---

mayhem [méihem]【名】大混乱，大騒ぎ，破壊行為

131 **recuse**

A member of the Federal Reserve Board said / he would <u>recuse himself / from</u> participating in matters related to a financial institution / to which his relative had financial ties.

> 連邦準備制度理事会（FRB）のメンバーの一人は，親戚が金銭的な つながりのある金融機関が関連する事に，自分は関与しないと言っ た。

---

recuse [rikjú:z]

利休，ずるや不正には<u>関与しない</u>

【他動】忌避する，関与しない，拒絶する

---

recuse oneself from 〔利害関係の衝突を避けるために〕〜に 関与しない

132 **prowess**

The Chinese government seems to prioritize / <u>boosting</u> its technological <u>prowess</u> / in manufacturing the machines / used in chip <u>fabrication</u> plants.

> 中国政府は，チップ製造組立工場に配置する機械を製造する際の技 術的な能力の強化を優先しているようだ。

prowess [práuəs]
プロ，上滑る雨の路面でも運転の<u>優れた腕前</u>を披露

【名】1. 優れた腕前，優れた能力；　2. 戦場での勇気，武
　　　勇

boost [búːst]【他動】〔～を〕強化する，〔～を〕促進する
fabrication [fæbrikéiʃən]【名】製作，製造

133 skew

Manipulative trading / in several bitcoin <u>exchanges</u> /
could <u>skew</u> the price of bitcoin futures contracts / that
a leading derivatives exchange began trading last year.

　複数のビットコイン取引所での巧みに操作された取引は，大手デリ
　バティブ取引所が昨年に取引を開始したビットコイン先物の価格を
　歪める可能性がある。

skew [skjúː]
「スキューバ」の言葉の起源は人名とは事実を<u>ゆがめる</u>

【他動】1. 曲げる，ゆがめる，歪曲する；　2.〔物を〕斜
　　　　めにする，傾斜させる；　3. 非対称にする
【自動】それる，曲がる
【形】斜めで，傾いて

exchange [ikstʃéindʒ]【名】〔証券や商品の〕取引所，交換が行わ
れる場所

134 contend

Some economists at major banks and think tanks have

<u>contended</u> / that the Federal Reserve Board members <u>overestimate</u> asset-buying strategies.

> 大手の銀行やシンクタンクの一部のエコノミストは，連邦準備制度理事会（FRB）メンバーが，資産購入戦略を過大評価していると強く主張している。

---

contend [kənténd]

観点どうもずれていると外部識者が役員会で<u>強く主張する</u>

【他動】〔〜を〕強く主張する，頑固に主張する
【自動】競う，競争する，戦う，争う，論争する

---

overestimate [òuvəréstəmeit]【他動】〔〜を〕過大評価する

135 **stall**

President Biden's attempt to use his first <u>State of the Union address</u> / as an opportunity to advance the <u>stalled</u> domestic economic <u>agenda</u> / did not seem to work.

> 最初の一般教書演説を，行き詰まった国内経済の議題を前進させる機会として利用しようとしたバイデン大統領の試みは，うまくいかなかったようだ。

---

stall [stɔ́l]

スト，ルール無視の過激な行動が交渉を<u>行き詰まらせる</u>

【他動】1.〔〜を〕立ち往生させる，行き詰まらせる；
　　　　2.〔エンジンを〕止まらせる，〔飛行機を〕失速させる；　3.〔〜に〕言い逃れする，待たせる，遅らせる．
【自動】1. 立ち往生する，行き詰まる；　2. エンストす

　　　　　る，失速する；　3. 言い逃れする，引き延ばす
【名】1. 売店，露店，屋台；　2. 馬房，牛房；　3.〔自動
　　　車の〕エンスト

State of the Union address　一般教書演説
agenda [ədʒéndə]【名】〔検討すべき〕課題（議題）（一覧），ア
ジェンダ

【大統領の教書（1）】

　連邦議会の両院を通過した法案は，大統領の署名により
成立しますが，大統領自身は立法権限を持っていません。
そのため，大統領は，教書と呼ばれる政策指針を通して，
連邦議会に必要な法律の整備のための協力を求めます。大
統領の定例の教書には，三大教書と言われる一般教書
（State of the Union Address），予算教書（Budget
Message of the President），大統領経済報告（Econom-
ic Report of the President）があります。

　一般教書演説は，大統領の施政方針と言えるもので，米
国の現状を報告するとともに，新しい法律や政策への提案
を行います。連邦議会にとって，1 年間で最も重要な大統領
の演説が一般教書演説と言われています。

---

136 yank

Deposits at a small regional bank dropped / by nearly
10% in just one month / as individuals and companies
rushed to yank money / out of the bank.

ある小規模の地方銀行の預金は，個人や企業が資金を引き出すために殺到したため，わずか1か月で10％近く減少した。

---

yank [jǽŋk]

ヤンキー（不良少年少女）経験が生徒を<u>引っ張る</u>力の教師

【他動】〔～を〕強く（グイ（ッ）と）引っ張る（引っ張り
　　　　抜く・引き出す）
【自動】強く（グイ（ッ）と）引っ張る（引っ張り抜く・
　　　　引き出す）

---

137 | entwine

Even after Russia's invasion of Ukraine, / Russia's economy are still heavily <u>entwined</u> with the West.

ロシアのウクライナ侵攻後も，ロシアの経済は依然として西側と深く結びついている。

---

entwine [entwáin]

遠投は良いんだよとチーム練習にも<u>絡ませる</u>名投手

【他動】絡ませる，絡み合わせる，より合わせる
【自動】絡まる，絡み合う

---

138 | loot

Hundreds of people were arrested / for looting and violence / in New York City, / where many stores were vandalized.

多くの店が破壊されたニューヨーク市では，数百人が略奪と暴力で逮捕された。

---

loot [lúːt]
ルートを選ばず手あたり次第の商店から略奪する

【他動】1.〔暴動・戦争などで民家・商店などから物を〕盗む，略奪する；　2.〔町・民家・商店などを〕荒らす
【名】1. 略奪品，戦利品；　2. 盗んだ物，盗品

---

vandalize [vǽndəlàiz]【他動】〔公共物・私物などを故意に〕壊す，破壊する

139 | notch

Investors in two government-sponsored mortgage finance companies / notched a win / in their challenge to a government decision / to sweep all profits of those companies / to the Treasury Department.

政府支援住宅ローン金融会社 2 社の投資家は，2 社の利益をすべて財務省に吸い上げるという政府の決定に対する異議申立てで，勝利を収めた。

> **notch** [nátʃ]
> **後に歴史に残る成果を勝ち取る**
> 【他動】1.〔勝利などを〕勝ち取る；　2.〔V字型の〕刻
> み目（切り込み）を～に入れる；　3.〔得点を〕
> 上げる

140 defy

In the capital of a West Asian country, / more than ten
thousand protesters took to the streets / defying the
government's crackdown.

> 西アジアにある国の首都では，1万人以上の抗議者が，政府の弾圧
> に逆らって街頭で抗議デモをした。

> **defy** [difái]
> **で，ファイルは保管した？ 指示に逆らう部下に確認**
> 【他動】1.〔権力・法令・規則などに〕逆らう，従わな
> い；　2.〔権力者などに〕反抗する，食ってかか
> る，盾突く；　3.〔～を〕拒否（否定）する，受
> け（寄せ）付けない，許さない

take to the streets 街頭で抗議デモ（活動・運動）をする（行
う），デモ行進を行う
crackdown [krǽkdàun]【名】〔厳重な〕取り締まり，法律の厳格
な施行，弾圧

141 clog

In Texas, / winter storms can clog natural gas wells with

ice, / reducing energy production in the region.

> テキサスでは，冬の嵐が氷で天然ガス井を詰まらせ，地域のエネルギー生産を減少させることがある。

---

clog [klɑ́g]
黒々した雲に続く雪と寒さが水道管を詰まらせる

【他動】1.〔管などを〕詰まらせる，塞ぐ；　2.〔～の〕動きを妨害する；　3.〔道路を〕塞ぐ，渋滞させる

【自動】1. 詰まる；　2. 動きが悪くなる

---

142 | animosity

The new <u>Federal Trade Commission</u> Chairwoman's views / about the monopoly power of social-media giants / do not seem to stem from personal <u>animosity</u>.

> 新しい連邦取引委員会の委員長の，ソーシャルメディアの巨大企業の独占力に関する見解は，個人的な恨みから来るものではないようだ。

---

animosity [æ̀nəmɑ́səti]
兄もステイホームで弟といざこざ増えて憎悪につながる

【名】敵意，悪意，恨み，憎悪，敵対意識

Federal Trade Commission　連邦取引委員会

143 | seal

<u>Jurors</u> in the trial of the founder of an electric-vehicle

startup / <u>seized</u> crucial evidence that <u>sealed</u> her fate.

> 電気自動車の新興企業の創業者の裁判で，陪審員は彼女の運命を決定的にする重大な証拠を手に入れた。

---

seal [síːl]
強いる口調での勧誘の繰り返しが提訴を<u>決定的にする</u>

【他動】1.〔運命などを〕確定させる，決定的にする，定める；　2.〔手紙・封筒などを〕封印する；　3.〔漏れないように容器などを〕密封する，密閉する；　4.〔証文・条約に〕捺印する；　5.〔水などが漏れないように〕〔〜に〕上塗りをする，コートする

---

juror [dʒúərər]【名】陪審員
seize [síːz]【他動】〔〜を〕捕まえる，つかむ，捕らえる，急につかむ，取る，手に入れる

144 | entrench

Raising interest rates too quickly / increases the risk of a <u>recession</u>, / while doing so too slowly / could <u>lead to</u> / inflation becoming more deeply <u>entrenched</u>.

> 金利の引き上げが早すぎると，景気後退のリスクが高まり，金利の引き上げが遅すぎると，インフレの定着がより進む可能性がある。

---

entrench [entréntʃ / intréntʃ]
遠投，連ちゃんで強肩を<u>定着させる</u>野球選手

【他動】1.〔〜を〕定着（固定）させる；　2.〔〜を〕安全な場所に置く，〔〜に〕強固な守りを敷く；

3.〔防衛のために〕～の周りに塹壕を掘る，〔～を〕塹壕の中に入れる

recession [riséʃən]【名】景気後退，（一時的）不景気，不況
lead to【句動】〔物事が〕～を引き起こす，～の原因となる

145 brunt

Several industries including retail and leisure and hos-pitality / are bearing the brunt of high turnover rates.

小売業，レジャー・接客業を含むいくつかの業界は，高い離職率の影響を受けている。

brunt [bránt]
ぶらんとぶら下がるだけの器具ヒットが通販業界には衝撃

【名】1.〔打撃などの〕衝撃； 2.〔攻撃の〕矛先； 3. 大きな重荷，負担の主な部分

hospitality (industry) 接客業
bear the brunt of ～の矢面に立つ
turnover [tɔ́:rnòuvər]【名】〔労働者の〕転職率，離職者数

146 retrofit

Many farm equipment makers / have retrofitted their tractors / with intelligent devices / to reduce the bur-den on tractor operators.

多くの農機メーカーが，トラクター・オペレーターの負担を軽減するために，トラクターにインテリジェント機器を据え付けている。

> **retrofit** [rétroufit]
>
> **レトロ，フィットネス器具に昭和の発想を<u>組み込む</u>**
>
> 【他動】1.〔新しい部品や装置を〕組み込む，据え付ける；　2.〔新しい部品や装置を組み込んで～を〕改良（変更）する

147 | siphon

Domestic and foreign electric-vehicle companies / increased their U.S. sales last year, / <u>siphoning</u> market share / from <u>traditional</u> U.S. automakers such as General Motors Co.

> 国内外の電気自動車メーカーが，昨年は米国での販売を伸ばし，ゼネラル・モーターズ社など米国の従来の自動車メーカーから市場シェアを奪った。

> **siphon** [sáifən]
>
> **差異，ほんの僅かでも大半のシェアを1社が<u>吸い取る</u>検索市場**
>
> 【他動】1.〔資金などを〕抜き取る，吸い取る，不正に流用する；　2.〔サイフォンで～を〕吸い上げる，吸い出す
> 【名】1. サイフォン，吸い上げ管；　2. 水管

traditional [trədíʃənəl]【形】昔ながらの，従来の，因習の

148 toll

The semiconductor <u>shortage</u> <u>took a toll</u> / on the U.S. manufacturing operations of major auto companies.

半導体不足は，主要な自動車会社の米国の製造工程に打撃を与えた。

---

toll [tóul]
通るためには損害覚悟の危険な山岳ルート

【名】1.〔災害・戦争・病気などによる〕犠牲者，損害，死傷者数；　2.〔道路や橋などの〕通行料金；　3.〔通行料の〕料金所

---

shortage [ʃɔ́rtidʒ]【名】〔必要な物の〕不足，欠乏状態
take a toll　大きな被害（打撃）を与える，大被害（大打撃）を与える

149 booze

Consumers who stayed at home / during the COVID-19 pandemic / <u>splurged on</u> <u>pricier</u> <u>booze</u> rather than beer.

新型コロナウイルスの大流行の間，家にいた消費者は，ビールよりも高価な酒に派手にお金を使った。

---

booze [búːz]
部（部内），うず高くつまれた返品の酒の山

【名】1.酒，ビール，アルコール飲料；　2.酒宴

---

splurge [splə́ːrdʒ]【自動】ぜいたくをする，散財する
splurge on　〜に大金を惜しげもなく使う，〜に散財する
pricey [práisi]【形】値段の高い，高価な，値の張る

150 fray

Before Russian invaded Ukraine, / the U.S. and Russia had indicated / a willingness to repair <u>frayed</u> ties.

> ロシアがウクライナに侵攻する前は，米国とロシアは，ほつれた関係を修復する意向を示していた。

---

fray [fréi]

振れ，今だと叫ぶコーチが選手の神経をすり減らす

【他動】1.〔布などを〕擦り切れさせる，ほぐれさせる，ぼろぼろにする；　2.〔神経を〕すり減らす，いらいらさせる

【自動】1. 擦り切れる，ほつれる；　2. いらいらする

---

151 callous

Labor leaders called the CEO <u>callous</u> / for prioritizing <u>courting</u> financial firms / over meeting and talking to workers.

> 労働組合の指導者たちは，労働者と会って話をするよりも，金融会社の機嫌を取ることを優先した CEO を，冷淡だと考えた。

---

callous [kǽləs]

辛すぎるカレーに文句を言う客に冷淡な店主

【形】1. 冷淡な，無情な，無慈悲な，無神経な；　2.〔皮膚などが〕硬くなった，たこのできた

---

court [kɔ́rt]【他動】〔有力者などの〕機嫌を伺う，こびる

152 plow

Unlike the Northeast, / the South is <u>plowing ahead</u> / without significant changes to holiday plans, / including sporting events and outdoor concerts.

> 北東部と違い，南部では，スポーツイベントや野外コンサートを含めて休日の予定を大きく変更することなく，前に進んでいる。

---

plow [pláu]
プラ（プラスチック），海に流入させない方策に<u>取り掛かる</u>

【自動】1. 苦労して読み進む，取りかかる； 2. 耕作する，田畑を耕す

---

plow ahead 〔困難を排して〕前進する，努力を続ける

153 coterie

A <u>coterie</u> of investment banks <u>contributed</u> ideas to private-equity firms / and arranged debt and equity to support <u>massive</u> deals.

> 投資銀行の仲間内で，未公開株（への）投資会社にアイデアを提供するとともに，巨額の取引を支援するために負債と資本を手配した。

---

coterie [kóutəri]
買（こ）うたり，と関西の<u>仲間</u>の勧めで家族に土産を購入

【名】仲間，同人，グループ

---

contribute [kəntríbju:t] 〔援助や資金，助言などを〕与える，提供する，力を貸す
massive [mǽsiv]【形】大きい，圧倒的な，強力な

154 **boon**

A Japanese automaker's investment in a new electric-vehicle battery plant / in North Carolina / would be a <u>boon</u> to the state's economy.

> ノースカロライナ州の新しい電気自動車バッテリー工場への日本の自動車メーカーの投資は，同州経済に恩恵をもたらすであろう。

---

boon [búːn]
ブーンと元気に飛び回る蜜蜂が養蜂家に恩恵をもたらす

【名】1. 利益・恩恵，恵み；　2. 願い事

---

155 **standoff**

The political <u>standoffs</u> have made it difficult / for businesses to make long-term decisions, / such as <u>plowing</u> dollars <u>into</u> research and development.

> 政治的な対立が，企業が研究開発に資金を投入するなどの長期的な決定を下すことを困難にしている。

standoff [stǽndɔ̀f]

（球場の）**スタンド，オフシーズンの活用案は実施段階で行き詰り**

【名】1. 行き詰り：行く手を阻む者；　2. 離れて立った状
態，孤立，よそよそしさ，こう着状態；　3. 様子見

plow money into　金を〜に注ぎこむ

156 | cobble

The U.S. Department of Agriculture is <u>cobbling</u> an aid
package / for U.S. farmers / affected by <u>trade conflicts</u>
between the U.S. and China.

> 米国農務省は，米中間の貿易摩擦の影響を受けた農家のための総合
> 救済策をまとめている。

cobble [kάbəl]

かぶるだけでなく目立つ帽子を徹夜で作り上げる

【他動】1.〔〜を〕つぎはぎして雑に作り上げる，急ごし
らえする；　2.〔靴を〕修繕する，作る

trade conflict　貿易摩擦，通商摩擦

157 | linchpin

<u>Administration</u> officials included a corporate-income <u>tax
reduction</u> / as a <u>linchpin</u> / in the final draft of the eco-
nomic-stimulus package.

政権当局者は, 経済刺激策の最終案の要として, 法人所得減税を含めた。

---

linchpin [línt∫pìn]

隣地, ピンを地図に刺して買収用地の要であると強調

【名】1. 最も重要な部分, 根幹, 要, 急所, 基軸; 2. 輪止め

---

administration [ədmìnistréiʃən] 【名】政府,〔国を治める〕政権
tax reduction 減税, 税率の引き下げ

| 158 | bristle

Corporate executives have <u>bristled at</u> short-term share-holder efforts / to influence their company's policies on social and political issues / by submitting proposals for a vote / at annual shareholder meetings.

企業の経営幹部は, 年次総会で投票の提案を提出することで, 社会的および政治的問題に関する自社の方針に影響を与えようとする(短期間のみ株式を保有する)短期的株主の取り組みに, いら立っている。

---

bristle [brísl]

鰤 (ぶり), するりと手から落ちていら立つ漁師

【自動】1.〔人が〕いら立つ; 2.〔毛が〕逆立つ; 3.〔場所に〜が〕密生する, 林立する

---

bristle at 〜にいら立つ (怒る)

159 | placate

Finland had chosen / to <u>stay out of</u> the North Atlantic Treaty Organization / in an attempt to <u>placate</u> and not <u>provoke</u> Russia.

> フィンランドは，ロシアをなだめ，刺激しないために，北大西洋条約機構に参加しないことを選択してきた。

---

placate [pléikèit]

プレイ，系統だつ戦術不足のチームの不和を主将が鎮める

【他動】〔人の怒りを〕鎮める，慰める，〔人を〕なだめる

---

stay out of ～にかかわらない，～とは関係を持たない
provoke [prəvóuk] 【他動】〔人を〕刺激する，挑発する

160 | veto

According to a statement from the <u>Office of Management and Budget</u>, / President Biden intends to <u>veto</u> any congressional efforts / to end the national emergency declaration / on the COVID-19 pandemic.

> 行政管理予算局の声明によると，バイデン大統領は，新型コロナウイルスの大流行に関する国家非常事態宣言を終了させる議会のいかなる取り組みにも，拒否権を行使する意向である。

---

veto [vítou]

微糖の基準が曖昧な法案に拒否権を行使する

【他動】1.〔法案などに〕拒否権を行使（発動）する，〔法案などを〕拒否する；　2.〔行為などを〕禁じる，退ける；　3.〔計画などに〕反対する

【名】1.〔議案などに対する〕拒否権，拒否権の行使；
　　　2. 拒否，禁止

Office of Management and Budget　行政管理予算局

【大統領の教書（2）】

　予算教書（Budget Message of the President）は，予算法案を提出する権限のない大統領が，翌会計年度の予算の編成方針を連邦議会に示す文書で，連邦議会に対する「予算要求」と言うことができると思います。連邦議会の翌年度の予算作成プロセスは，予算教書の提出をきっかけに始まります。なお，連邦政府の会計年度は 10 月から翌年 9 月です。

　大統領経済報告（Economic Report of the President）は，別途説明する大統領経済諮問委員会（Council of Economic Advisers (CEA)）による年次報告書で，政権の国内および国際的な経済政策を提示するための大切な手段です。大統領府の行政管理予算局（Office of Management and Budget (OMB) ）が発行する連邦政府予算（Budget of the United States Government）の提出後 10 日以内に，CEA の年次報告書とともに議会に提出されることになっています。

(1) 見出し語番号　　(2) 見出し語
(3) 見出し語の（連想（語呂合わせ）文での）意味　　(4) 連想（語呂合わせ）文

(1)	(2)	(3)	(4)
121	frack	水圧破砕する	不落の城壁を<u>水圧破砕する</u>ことで打ち破る
122	herd	群衆	波動まで感じる<u>群衆</u>のデモ行進
123	loath	嫌がって	櫓，渦巻く海に出る強度ないと，<u>嫌がって</u>いる船頭
124	pawn	質入れ，質草	ポンチ絵で，<u>質入れ</u>，<u>質草</u>などの質屋の仕組みを教える
125	traitor	裏切り者	トレー，いたずらしてパン屋に被害を与えたのは<u>裏切り者</u>
126	improvise	即興でする	医務プロ，倍（増），ずさんな病院の改善策作成を<u>即興でする</u>
127	fodder	ネタ	ほだされて話した本音が雑誌の<u>ネタ</u>になり驚くメダリスト
128	stature	名声，地位	スターチャート駆け上った過去の<u>名声</u>と<u>地位</u>
129	drag	重荷	銅鑼（ドラ），軍の士気向上に役立っても移動には<u>重荷</u>
130	ensue	結果として起きる	演習直後の抜き打ち試験の<u>結果として起きる</u>生徒の不満
131	recuse	関与しない	利休，ずるや不正には<u>関与しない</u>
132	prowess	優れた腕前	プロ，上滑る雨の路面でも運転の<u>優れた腕前</u>を披露
133	skew	ゆがめる	「スキューバ」の言葉の起源は人名とは事実を<u>ゆがめる</u>
134	contend	強く主張する	観点どうもずれていると外部識者が役員会で<u>強く主張する</u>

135	stall	行き詰まらせる	スト，ルール無視の過激な行動が交渉を<u>行き詰まらせる</u>
136	yank	引っ張る	ヤンキー（不良少年少女）経験が生徒を<u>引っ張る</u>力の教師
137	entwine	絡ませる	遠投は良いんだよとチーム練習にも<u>絡ませる</u>名投手
138	loot	略奪する	ルートを選ばず手あたり次第の商店から<u>略奪する</u>
139	notch	勝ち取る	後に歴史に残る成果を<u>勝ち取る</u>
140	defy	逆らう	で，ファイルは保管した？指示に<u>逆らう</u>部下に確認
141	clog	詰まらせる	黒々した雲に続く雪と寒さが水道管を<u>詰まらせる</u>
142	animosity	憎悪	兄もステイホームで弟といざこざ増えて<u>憎悪</u>につながる
143	seal	決定的にする	強いる口調での勧誘の繰り返しが提訴を<u>決定的にする</u>
144	entrench	定着させる	遠投，連ちゃんで強肩を<u>定着させる</u>野球選手
145	brunt	衝撃	ぶらんとぶら下がるだけの器具ヒットが通販業界には<u>衝撃</u>
146	retrofit	組み込む	レトロ，フィットネス器具に昭和の発想を<u>組み込む</u>
147	siphon	吸い取る	差異，ほんの僅かでも大半のシェアを1社が<u>吸い取る</u>検索市場
148	toll	損害	通るためには<u>損害</u>覚悟の危険な山岳ルート
149	booze	酒	部（部内），うず高くつまれた返品の<u>酒</u>の山

150	fray	すり減らす	振れ，今だと叫ぶコーチが選手の神経を<u>すり減</u>らす
151	callous	冷淡な	辛すぎるカレーに文句を言う客に<u>冷淡な</u>店主
152	plow	取り掛かる	プラ（プラスチック），海に流入させない方策に<u>取り掛か</u>る
153	coterie	仲間	買（こ）うたり，と関西の<u>仲間</u>の勧めで家族に土産を購入
154	boon	恩恵	ブーンと元気に飛び回る蜜蜂が養蜂家に<u>恩恵</u>をもたらす
155	standoff	行き詰り	（球場の）スタンド，オフシーズンの球場活用案は実施段階で<u>行き詰り</u>
156	cobble	作り上げる	かぶるだけでなく目立つ帽子を徹夜で<u>作り上げる</u>
157	linchpin	要（かなめ）	隣地，ピンを地図に刺して買収用地の<u>要</u>であると強調
158	bristle	いら立つ	鰤（ぶり），するりと手から落ちて<u>いら立つ</u>漁師
159	placate	鎮める	プレイ，系統だつ戦術不足のチームの不和を主将が<u>鎮める</u>
160	veto	拒否権を行使する	微糖の基準が曖昧な法案に<u>拒否権を行使する</u>

161 | contour

The troubled property developer <u>mapped out</u> / the rough <u>contours</u> of a plan / to <u>restructure</u> its huge debt.

> 問題を抱えた不動産開発業者は，巨額の債務を整理・再構築する計画の大まかな輪郭を策定した。

---

contour [kántùr]

関東余すことなくカバーする開発計画の輪郭が判明

【名】1.〔山・海岸・人体などの〕輪郭，輪郭線，外形；
2.〔地図の〕等高線

---

map out【句動】〜を緻密に計画する，策定する
restructure [rìstrʌ́ktʃər]【他動】〔組織などを〕再編成する，作り直す，〔〜の〕構造改革をする

162 | anonymous

The Financial Conduct Authority in the U.K. considered it essential / to allow <u>tipsters</u> to choose to remain <u>anonymous</u> / to protect their <u>identity</u>.

> 英国の金融行為規制機構は，情報提供者の身を守るには匿名であることを選択できることが必須であると考えた。

---

anonymous [ənánəməs]

あ，七マス進んだ！と双六番組に匿名の通報あり

【形】1. 匿名の，作者不明の，名前を伏せた，無名の，無記名の； 2.〔顔・景色などが〕特徴のない，ありふれた

---

tipster [típstər] 【名】〔犯罪捜査などで〕情報提供者
identity [taidéntəti] 【名】〔人や物の〕身元，正体

163 crackdown

Telecommunications authorities are intensifying their
crackdown / on rival country's smartphone companies
/ to prevent them from commanding perch / in the do-
mestic tech industry.

> 電気通信当局は，対立する国のスマートフォン企業が国内のテクノ
> ロジー業界で圧倒的な地位を確立するのを防ぐために，彼らに対す
> る取り締まりを強化している。

---

crackdown [krǽkdàun]
**暗くダウンコート（の商品）だらけの倉庫に取り締まり
で突入する**

【名】1.〔厳重な〕取り締まり，法律の厳格な施行，弾
圧； 2.〔警察が行う〕一斉検挙，手入れ

---

commanding [kəmǽːndiŋ] 【形】〔競争に勝てそうな〕地の利を得
た
perch [pə́ːrtʃ] 【名】有利な（安全な）場所（地位）

164 memoir

The former defense secretary is trying to / fight govern-
ment officials' attempts / to restrict sensitive informa-
tion in his memoir.

> 元国防長官は，回想録での機密情報を制限しようとする政府高官の
> 試みに，対抗しようとしている。

memoir [mémwàr / mémwɔ̀r]

メモ，分かりにくい殴り書きでも<u>回想録の貴重な資料</u>

【名】1.〔個人の〕回想（回顧）録，体験記； 2.〔専門家の短い〕学術報告； 3.自（叙）伝，伝記

fight [fáit] 【他動】〔強い相手に〕対抗（抵抗）する，奮闘する
sensitive information 機密情報

165 tumult

Spreading <u>tumult</u> in the banking sector, / which signals broader challenges ahead for the U.S. economy, / has <u>highlighted</u> questions about global oil demand.

> 米国経済が直面する広範な課題を示唆している銀行セクターの混乱の広がりは，世界の石油需要に関する疑問を目立たせている。

tumult [túːmʌlt]

詰まるとビル全体が<u>混乱</u>する下水管の取り替えを急ぐ

【名】1. 混乱，暴動，騒動； 2. 大騒ぎ，騒々しさ，わめき声； 3. 心の乱れ，動揺

highlight [háilàit] 【他動】1.〔～を〕強調する，〔～を〕目立たせる，引き立たせる； 2.〔文字などを〕マーカーで塗る； 3.〔催し物などで～を〕目玉（呼び物）にする

166 untenable

As Australia's leading export destinations for <u>thermal coal</u> have presented plans / to reach net zero carbon emissions, / it may be <u>untenable</u> / for the government to keep opening new coal projects.

オーストラリアの一般炭の主要な輸出先が，炭素排出量実質ゼロを達成する計画を提示しているため，同国政府が新しい石炭プロジェクトを開始し続けることは受け入れられない可能性がある。

---

untenable [ʌnténəbəl]
アンテナ，ブルドーザーの作業からは<u>防御できない</u>

【形】1.〔攻撃・批判を受けた時に〕防御（維持）できない；　2.〔理論・議論・立場などが〕擁護（支持）できない

---

thermal [θə́ːrməl]【形】熱の，熱による，温度の
thermal coal　一般炭

167 | conciliatory

The European Union used to take a <u>conciliatory</u> approach / in <u>disputes</u> with China / over trade and human rights.

欧州連合は，貿易と人権をめぐる中国との論争で，融和的なアプローチをとっていた。

---

conciliatory [kənsíliətɔ̀ri]
勘，推理，あと理論が凄腕弁護士の<u>融和的な和解</u>のコツ

【形】和解の，懐柔的な，融和的な

---

dispute [dispjúːt]【名】議論，論争，口論

168 concede

It would be a wise but difficult decision / for a company without much of an <u>edge</u> / in the competitive streaming service market / to <u>concede</u> defeat early and shut down its streaming service.

> 競争の激しいストリーミングサービス市場で大きな優位性がない会社が，早期に敗北を認めてストリーミングサービスを閉鎖することは，賢明だが難しい決定である。

---

concede [kənsíːd]
監視，どうにも避けられずに自首，違法行為を認める

【他動】 1.〔敗北を〕認める，〔負けを認めて〕戦いから降りる，真実と認める； 2. 真実と認める； 3.〔権利を〕譲る

---

edge [édʒ]【名】有利な状況（立場），先行することを可能にする力，強み，競争力，優位性

169 buttress

As geopolitical tensions rose, / the management of a major consumer-electronics manufacturer realized / that they should <u>buttress</u> the company's <u>fragile</u> international supply chain.

> 地政学的な緊張が高まったことで，大手家電メーカーの経営陣は，同社の脆弱な国際サプライチェーンを強化する必要があることに気が付いた。

buttress [bʌ́trəs]

（野球の）バット，レストランで販売を<u>強化する</u>策を練る

【他動】1.〔理論・主張などを〕強化する，強調する；
　　　　2. 控え壁で支える
【名】1. 控え壁；　2. 支え，支えとなる物（人）

fragile [frǽdʒəl]【形】脆弱な，不安定な，はかない

170 | suspend

A New York-based consumer-goods maker / has <u>sus-pended</u> a top executive / who <u>oversees</u> a portfolio of brands.

> ニューヨークに本拠を置く日用品メーカーは，ブランドのポートフォリオを監督しているトップの重役を停職にした。

suspend [səspénd]

指すペン，どこかに忘れたプレゼン説明者を<u>停職にする</u>

【他動】1.〔〜を〕停職（処分）にする，〔〜に〕停学を命じる；　2. つるす，下げる，浮かせる；　3. 一時的に止める，一時停止する，一時中断する，延期する，保留する

oversee [òuvərsíː]【他動】〔人や仕事を〕監督する

171 | harness

Some companies are trying to expand options / for <u>har-nessing</u> <u>renewable energy</u> sources / such as wind power and <u>geothermal</u> energy.

風力発電や地熱エネルギーなどの再生可能エネルギー源を利用する
ための選択肢を広げようとしている企業がある。

---

harness [hάrnəs]
羽，直ぐに修理は無理でもエンジンは利用できる

【他動】 1. 〔自然力を〕役立てる，生かす，用いる，利用
する； 2. 〔エネルギー・支持などを〕利用す
る； 3. 〔馬に〕装具を付ける

---

renewable energy　再生可能エネルギー
geothermal [dʒìːouθə́ːrməl]【形】地熱の

172 | mock

Investing in emerging markets by Western investors /
contributed to the overseas investment bubble / they
have <u>mocked</u>.

西側の投資家による新興市場への投資が，彼らがあざ笑ってきた海
外投資バブルを助長した。

---

mock [mɔ́k]
木材で建てた高層マンションを嘲る時代遅れの建材業者
【他動】 1. 〔〜を〕あざける，〔〜を〕ばかにする，〔〜を〕
あざ笑う； 2. 〔人の〕物まねをしてからかう

（ふざける）； 3.〔～を〕阻止する，〔～を〕失敗
させる，〔～を〕挫折させる
【自動】あざける

173 | wreck

The fact that just a few executives could <u>wreck</u> a deal /
defining the future of a global law firm / frustrated the
firm's global leaders.

> 世界的な法律事務所の将来を決定する取引を，わずか数人の幹部が
> 破綻させる可能性があるという事実は，事務所のグローバルリーダー
> 達を苛立たせた。

---

wreck [rék]
レクチャー無料配信が収益生まず運営会社を<u>破綻させる</u>

【他動】1.〔計画などを〕破綻させる，つぶす，だめにす
る； 2.〔故意に物を〕壊す，破壊する
【自動】1.〔物が〕壊れる； 2.〔船が〕難破する
【名】衝突，破損，倒壊，故障

---

174 | cringe

Investors <u>cringed</u> / at a surge in oil and natural-gas
prices, / <u>fearing</u> that inflation will <u>weigh on</u> economic
growth.

> 投資家は原油と天然ガス価格の急騰に縮みあがり，インフレが経済
> 成長の重荷になるだろうと懸念している。

cringe [kríndʒ]

苦！隣人の叫び声，子供は怖がり縮みあがる

【自動】1.〔恐怖などで〕縮みあがる，すくむ，ドン引き
する； 2.へつらう，こびる

fear [fíər]【他動】〔～を〕心配する，〔～を〕懸念する
weigh on【句動】～に重くのしかかる，～の重荷になる

175 | squelch

Central banks around the world are trying to <u>tame</u> infla-
tion / without <u>squelching</u> the recovery from the
COVID-19 pandemic.

世界中の中央銀行が，新型コロナウイルスの大流行からの回復を抑
え込むことなく，インフレを抑制しようとしている。

squelch [skwéltʃ]

救える地方の産業を大企業の進出が押しつぶす

【他動】1.〔～を〕押しつぶす，踏みつぶす，〔～を〕抑え
込む； 2.〔反論などによって人を〕黙らせる
（やり込める）

tame [téim]【他動】〔熱意や熱情，関心を〕そぐ，抑える

176 | fend

Two major search-engine companies have <u>offered con-
cessions</u> / to <u>fend off</u> possible U.S. antitrust lawsuits /
targeting their ad-tech <u>practices</u>.

検索エンジン大手 2 社が，自社の広告技術行為を標的にしている米国独占禁止法違反の訴訟を回避するため，譲歩案を提示した。

fend [fénd]
増えん（増えない）銅生産への質問を<u>回避する</u>広報担当者

【他動】〔攻撃・質問などを〕かわす
【自動】〔援助無しで〕生活する，やっていく

concession [kənséʃən]【名】譲歩，許容，容認
offer a concession 譲歩案を提示する
fend off【句動】〔うるさい質問などを〕回避する
practice [præktis]【名】〔習慣的な〕慣行，慣例

177 | dearth

Real-estate brokers are concerned about overheated home prices / due to a <u>dearth</u> of new construction and strong buyer demand.

不動産仲介業者は，新築物件の不足と旺盛な買い手需要による過熱した住宅価格を懸念している。

dearth [dɔ́ːrθ]
打数<u>不足</u>で首位打者のがす

【名】1. 不足，欠乏 ；　2. 食糧不足，飢饉

178 | normalcy

The European Commission's proposal / to ease restrictions on travel / for those vaccinated against the COVID-19 virus / is a further sign of a return to normalcy.

> 新型コロナウイルスの予防接種を受けている人の旅行に対する制限を緩和するという欧州委員会の提案は，正常な状態への復帰の更なる兆しである。

---

normalcy [nɔ́rməlsi]

野，余る。市内の耕作放棄地増の常態化前に対策要

【名】正常，常態

（参考）normality [nɔrmǽləti]【名】正常性，規定度，正規性

179 | seep

Inflation is seeping through American businesses and households / and hitting them / in ways beyond high prices.

> インフレは，アメリカの企業や家庭に浸透し，物価高に留まらない形で打撃を与えている。

---

seep [síːp]

「し～！」プレゼン担当者間に浸透する緊張で過敏に反応

【自動】1. しみ出る，しみ込む，浸透する，染み込む，滴下する；　2.〔液体・情報などが〕漏れる

---

180 | hype

Some researchers warn / that <u>hype</u> about the power of artificial intelligence / is causing widespread misunderstanding.

一部の研究者は，人工知能の威力についての誇大宣伝が広範な誤解を引き起こしていると警告している。

---

hype [háip]

はい，プラス！と簡単に儲かる投資とは詐欺的<u>誇大広告</u>

【名】1. 誇大広告，誇大宣伝，刺激的な宣伝； 2. 過剰宣伝された人（もの）； 3. ごまかし，いんちき，うそ
【他動】〔～を〕誇大に宣伝する

---

181 | lofty

Investors that buy the shares of special-purpose acquisition companies, / or SPACs, / <u>assume</u> they can make <u>lofty</u> returns without much risk.

特別買収目的会社（SPAC）の株式を購入する投資家は，大きなリスクなしに高いリターンを得られると思い込んでいる。

---

lofty [lɔ́fti / láfti]

炉，不定期ながら，<u>非常に高い</u>品質の熱処理に使用

【形】1. 非常に高い； 2.〔山などが〕非常に高い，そびえるほどの； 3.〔態度などが〕高慢な

---

assume [əsúːm]【他動】〔～と〕思い込む，〔～を〕当然と思う

sprawl

The <u>sprawling</u> distribution centers / that <u>anchor</u> major online retailers' logistics networks / remain <u>essential</u> to their strategies.

> 大手オンライン小売業者の物流ネットワークを支える広大な流通センターは，彼らの戦略に極めて重要であり続けている。

sprawling [sprɔ́:liŋ]【形】〔広範囲に〕乱雑（無秩序）に広がった

---

sprawl [sprɔ́l]

スープ，ロールパン，寿司と<u>不規則に広がる</u>メニュー

【自動】ばらばらに広がる，不規則（無秩序）に広がる，
だらしなく伸びる
【他動】〔～を〕ばらばらに広げる，不規則に広げる

---

anchor [ǽŋkər]【他動】〔～を〕支える
essential [isénʃəl]【形】欠かせない，必須の，絶対必要な，肝心の，きわめて重要な

eradicate

Smallpox is a human <u>infectious</u> disease / <u>eradicated</u> more than 40 years ago.

> 天然痘は，40年以上前に根絶されたヒト感染症である。

> **eradicate** [irǽdikèit]
> **イラ！自警と監視カメラでの犯罪撲滅活動に窃盗団は神経質に**
> 【他動】1.〔〜を〕全滅（絶滅・撲滅）させる，根絶する，絶つ，絶やす，一掃する；　2.〔汚れ・染みなどを〕取る，消す

infectious [infékʃəs]【形】〔病気が〕感染性の，感染力のある

184 chummy

Financial authorities' inspections of state-owned banks / will focus on / whether they have become too chummy with private firms.

> 国有銀行に対する金融当局の検査は，民間企業と親密になりすぎていないかどうかに焦点が当てられるであろう。

> **chummy** [tʃʌ́mi]
> **茶，みかんと，親しい友人が持ち寄り楽しい歓談の時**
> 【形】〔人と〕親しい，仲良しの

inspection [inspékʃən]【名】〔綿密な〕調査，検査

185 circumvent

The Commerce Department revealed / that some foreign solar-cell manufacturers circumvented U.S. tariffs / by moving some of their operations to other locations.

商務省は，一部の海外の太陽電池メーカーが，事業の一部を海外の別の場所に移すことで，米国の関税を回避していたことを明らかにした。

---

circumvent [sə̀ːrkəmvént]

さあ噛む，弁当の嫌いなおかずを<u>回避する</u>ようにして

【他動】1.〔巧みに問題・規制などを〕避ける，回避する，〔法律・規則などの〕抜け道を考え出す；　2.〔進行方向を変えて障害物を〕避ける，迂回する

Commerce Department （米国）商務省
tariff [tǽrif]【名】関税（法），関税表

【米国の行政府—省（1）】

行政府（executive branch）の長は大統領で，大統領と（大統領と一緒に選出される）副大統領の下に，商務省，財務省，司法省等の 15 の省とその他多数の機関が置かれ，連邦政府を構成しています。

そのうち，商務省（Department of Commerce, Commerce Department）のミッションは「すべてのコミュニティの経済成長と機会のための状況を作り出すこと」で，米国の経済競争力を向上させることを目標に，米国の国際貿易，経済成長，および技術発展の促進を任務としています。例えば，対ロシア・対中国輸出規制は商務省が所管しています。

186 | **murky**

A federal investigation into sales practices at a major financial institution / whose primary customers are individuals / has turned <u>murky</u>.

> 主な顧客が個人である大手金融機関の販売慣行に対する連邦政府の調査は，見通せなくなった。

---

murky [mɔ́ːrki]

まあ，霧で前が<u>見通せない</u>のに登山続行なんて！

【形】1. 暗い，陰気な；　2.〔霧や煙などが〕立ち込めた；　3.〔水などが〕濁った，よどんだ，汚い；4. 怪しげな，やましい，いかがわしい

---

187 | **sleuth**

A Hollywood <u>sleuth</u>, / who worked on behalf of celebrities and business executives / involved in personal disputes, / was <u>convicted of</u> multiple counts of <u>racketeering</u>.

> 個人的な争いに巻き込まれた有名人や企業幹部のために働いていたハリウッドの探偵は，複数のゆすり罪で有罪判決を受けた。

sleuth [slúːθ]

スルーするのは容疑者の探偵を泳がすためだと刑事は釈明

【名】探偵，刑事

---

convicted of ～で有罪になる，～で有罪判決を受ける
racketeer [rǽkətíər]【自動】ゆすり（たかり）を働く

188 | injunction

A U.S. District Court judge denied / the Federal Trade Commission's request for a <u>preliminary</u> <u>injunction</u> / that would have <u>kept</u> one of the largest discount supermarket chains <u>from</u> buying a competitor.

> 米国地方裁判所判事は，ディスカウント・スーパーマーケット・チェーン最大手の1つが，競合他社を買収することを阻止する連邦取引委員会の仮差止め請求を却下した。

---

injunction [indʒʌ́ŋkʃən]

隠者，苦笑，移動禁止命令前から 10 年以上移動せず

【名】公的な命令，〔裁判所の〕禁止命令，差し止め命令

---

preliminary [prilímənèri]【形】予備の，準備のための
keep from 〔～することを〕避ける，防ぐ

189 | bungle

The <u>bungled</u> initial public offering of the ride-hailing company / was a big blow to a globally prominent investment fund / that had invested in the company.

配車サービス会社の新規株式公開の失敗は，同社に投資していた世界的に著名な投資ファンドにとって，大きな打撃となった。

---

bungle [báŋgl]
バン（ライトバン），ぐるの仲間が運び出しにしくじる

【他動】1.〔仕事などを〕適切に行えない，やり損なう，
　　　　下手にやる，しくじる； 2.〔へまをして～を〕
　　　　台無しにする
【自動】しくじる
【名】へま，しくじり

---

sour

Investment banks are facing <u>enormous</u> losses / on loans for companies having <u>considerable</u> amounts of debt / they agreed to finance before markets <u>soured</u>.

投資銀行は，市場が悪化する前に融資することに合意した，多額の債務を抱えている企業への融資で，大きな損失に直面している。

---

sour [sáur]
差，噂以上に大きく，馬主と調教師の関係が悪化する

【自動】1.〔関係・状況などが〕悪化する，気まずくな
　　　　る； 2.〔物が〕酸っぱくなる； 3.〔人が〕ひ
　　　　ねくれる，気難しくなる

---

enormous [inɔ́rməs]【形】〔物理的に〕巨大な，〔数量などが〕莫大な

considerable [kənsídərəbl]【形】〔量・程度などが〕かなりの, 相当な

191 | fizzle

A renewable-energy joint venture / <u>formed</u> by three companies, including a major financial institution, / <u>fizzled</u> after three years.

> 大手金融機関を含む3社で設立した再生可能エネルギー・ジョイントベンチャー（共同事業）は，3年で失敗に終わった。

---

fizzle [fízəl]
火，ずる賢いと噂の会社のマッチで点かずに BBQ は失敗に終わる

【自動】1.〔活動・意欲などの〕勢いがなくなる；
2.〔計画などが〕失敗に終わる； 3.〔炭酸飲料の泡立ちなどが〕徐々に消えてしゅうしゅうという音を出す

---

form [fɔ́rm]【他動】〔～を〕組織する，結成する，設立する

192 | severance

An airline company offered voluntary <u>severance packages</u> / to more than one-fifth of its <u>workforce</u>.

> ある航空会社は，同社の総従業員の5分の1以上に希望退職条件を提示した。

> **severance** [sévərəns]
> **背（丈）バランスのため，舞踊チームの一部を契約解除**
>
> 【名】1. 契約解除； 2. 切断，断絶，分離，隔離； 3. 退職手当，退職金

severance package 解雇手当，退職条件
workforce [wə́ːrkfɔ̀ːrs]【名】労働力，総従業員数

193 | nudge

Shareholder proposals can <u>nudge</u> companies to change / and <u>encourage</u> investors to <u>vote out</u> board members.

株主提案は，企業に変化を促すとともに，投資家に取締役を投票で辞職させるよう促すことができる。

> **nudge** [nʌ́dʒ]
> **馴染むまでは指示に従うよう新人を優しく説得する**
>
> 【他動】1. 〔～するよう（人）を〕優しく（丁寧に）説得する； 2. 〔注意を引くために・合図するために肘で人を〕軽く突く（押す）； 3. 〔軽く押して～を〕ゆっくりと（少しずつ）動かす

encourage [enkə́ːridʒ / inkə́ːridʒ]【他動】〔～するように〕奨励する，勧める，働きかける，けしかける，促す
vote out 〔人を〕投票で辞職させる

outage

The cloud service company apologized for the <u>outage</u> / that affected users around the world / for as long as five hours.

> クラウドサービス会社は，世界中のユーザーに 5 時間もの影響を与えた障害を謝罪した。

---

outage [áutidʒ]
会うと定時にエアコンが停止状態，帰れということ？

【名】1.〔障害による通信網などの〕停止状態；　2.〔電力・水道・ガスなどの〕供給停止（期間）；　3.〔停電による機器などの〕機能停止（休止）（期間）

---

arable

In Brazil, the soil's <u>acidity</u> must be reduced / to convert large areas of <u>scrubland</u> into <u>arable</u> land.

> ブラジルで広大な低木地を耕作に適した土地に変えるには，土壌の酸性度を下げなければならない。

---

arable [ǽrəbl]
荒ぶる天気に耐える機材で荒地を耕作に適した場所にする

【形】耕作に適した（適する），耕地向きの，耕作に関する
【名】耕地，耕地向きの作物

---

acidity [əsídəti]【名】酸性（度），酸味
scrubland [skrʌ́blænd]【名】低木地

196 | **solicit**

An insurance company undergoing restructuring / appears to be working with its advisors / to <u>solicit</u> interest in the <u>storied</u> hotel building in New York.

> 経営再建中の保険会社は，（同社が保有する）ニューヨークにある名高いホテルの建物への関心を募るために，アドバイザーと協力しているようだ。

---

solicit [səlísət]
そり，市と共同で開発してくれるメーカーを募る
【他動】1. 誘う； 2. 募る，〔～を〕請い求める，嘆願する，懇願する，懇請する； 3.〔～を〕唆す
【自動】1. 懇願する，懇請する； 2. 注文取りをする，勧誘する； 3.〔売春婦が〕客を誘う

---

storied [stɔ́rid]【形】物語で名高い

197 | **revoke**

The finance minister has <u>revoked</u> / the banking licenses of two regional banks with financial problems / serious enough to harm their customers and the <u>wider</u> public.

> 財務大臣は，顧客や一般大衆に損害を与えるほど深刻な財務上の問題を抱える 2 つの地方銀行の銀行免許を取り消した。

revoke [rivóuk]

利，暴君に偏りすぎと契約を<u>無効にする</u>決議が成立

【他動】1.〔～を〕無効にする，〔～を〕取り消す；
2.〔人を〕呼び戻す，〔人を〕召還する

wide [wáid]【形】〔範囲・知識などが〕広い，幅広い，〔見方などが〕偏らない

198 | sap

A downturn in the housing market, / <u>triggered</u> by the central bank's interest rate <u>hikes</u> / to curb inflation, / has <u>sapped</u> home-buying demand.

中央銀行によるインフレ抑制のための利上げによってもたらされた住宅市場の低迷が，住宅購入需要を徐々に減少させている。

sap [sǽp]

サプライズの買収の失敗が，社員の活力を<u>徐々に奪う</u>

【他動】1.〔～を〕弱らせる，〔活力などを〕徐々に奪う；
2.〔対壕を掘って敵の陣地を〕崩す
【自動】対壕を掘る

trigger [trígər]【他動】〔出来事や反応などを〕引き起こす，もたらす，〔大きな事件・反応などの〕きっかけとなる
hike [háik]【名】値上げ，引き上げ

199 contraction

Natural-gas shortages and <u>soaring</u> power prices / following Russia's invasion of Ukraine / could plunge the European economy into a <u>contraction</u> / <u>comparable to</u> that seen in the financial crisis.

> ロシアのウクライナ侵攻に伴う天然ガス不足と電力価格の高騰は，欧州経済を金融危機並みの収縮（景気後退）に陥らせる可能性がある。

---

contraction [kəntrǽkʃən]

コント楽勝，出番は縮小

【名】1. 収縮，短縮，縮小； 2. 不況，〔景気・財政の〕縮小，緊縮； 3.〔語の〕縮約（形）； 4.〔病気などに〕かかること； 5.〔負債などが〕生じること

---

soar [sɔ́r]【自動】〔物価・温度などが〕急に高くなる，急騰する
comparable to 〜に相当（匹敵）する

200 staid

An expensive acquisition of a toothbrush subscription service startup by a <u>well-established</u> household goods company / may be a <u>compelling</u> bet / on an <u>alternative to</u> more <u>staid</u> markets.

> 歯ブラシ定期購入サービスの新興企業の老舗の家庭用品メーカーによる高額な買収は，安定した市場に代わる代替手段に対するやむを得ない賭けと言えるかもしれない。

> **staid** [stéid]
>
> **ステイ（宿泊），どこも空き無の報告後も<u>落ち着いた</u>指示する上司**
>
> 　【形】1.〔態度・雰囲気・色が〕落ち着いた；　2. 地味な，真面目過ぎる，生真面目な，退屈な

well-established【形】1.〔企業などが〕しっかりした基盤を持つ，老舗の，一流の；　2.〔経営などが〕安定した

compelling [kəmpéliŋ]【形】強制的な，従わざるを得ない，抵抗し難い，抑え切れない，やむを得ない

alternative to　〜に代わるもの，〜の代替品，〜の代替案

(1) 見出し語番号　　(2) 見出し語
(3) 見出し語の（連想（語呂合わせ）文での）意味　　(4) 連想（語呂合わせ）文

(1)	(2)	(3)	(4)
161	contour	輪郭	関東余すことなくカバーする開発計画の<u>輪郭</u>が判明
162	anonymous	匿名の	あ，七マス進んだ！と双六番組に<u>匿名</u>の通報あり
163	crackdown	取り締まり	暗くダウンコート（の商品）だらけの倉庫に<u>取り締まり</u>で突入する
164	memoir	回想録	メモ，分かりにくい殴り書きでも<u>回想録</u>の貴重な資料
165	tumult	混乱	詰まるとビル全体が<u>混乱</u>する下水管の取り替えを急ぐ
166	untenable	防御できない	アンテナ，ブルドーザーの作業からは<u>防御できない</u>
167	conciliatory	融和的な，和解の	勘，推理，あと理論が凄腕弁護士の<u>融和的な和解</u>のコツ
168	concede	認める	監視，どうにも避けられずに自首，違法行為を<u>認める</u>
169	buttress	強化する	（野球の）バット，レストランで販売を<u>強化する</u>策を練る
170	suspend	停職にする	指すペン，どこかに忘れたプレゼン説明者を<u>停職にする</u>
171	harness	利用できる	羽，直ぐに修理は無理でもエンジンは<u>利用できる</u>
172	mock	嘲る	木材で建てた高層マンションを<u>嘲る</u>時代遅れの建材業者
173	wreck	破綻させる	レクチャー無料配信が収益生まず運営会社を<u>破綻させる</u>

174	cringe	縮みあがる	苦！隣人の叫び声，子供は怖がり<u>縮みあがる</u>
175	squelch	押しつぶす	救える地方の産業を大企業の進出が<u>押しつぶす</u>
176	fend	回避する	増えん（増えない）銅生産への質問を<u>回避する</u>広報担当者
177	dearth	不足	打数<u>不足</u>で首位打者のがす
178	normalcy	常態	野，余る。市内の耕作放棄地増の<u>常態</u>化前に対策要
179	seep	浸透する	「し〜！」プレゼン担当者間に<u>浸透する</u>緊張で過敏に反応
180	hype	誇大広告	はい，プラス！と簡単に儲かる投資とは詐欺的<u>誇大広告</u>
181	lofty	非常に高い	炉，不定期ながら，<u>非常に高い</u>品質の熱処理に使用
182	sprawl	不規則に広がる	スープ，ロールパン，寿司と<u>不規則に広がる</u>メニュー
183	eradicate	撲滅	イラ！自警と監視カメラでの犯罪<u>撲滅</u>活動に窃盗団は神経質に
184	chummy	親しい	茶，みかんと，<u>親しい</u>友人が持ち寄り楽しい歓談の時
185	circumvent	回避する	さあ噛む，弁当の嫌いなおかずを<u>回避する</u>ようにして
186	murky	見通せない	まあ，霧で前が<u>見通せない</u>のに登山続行なんて！
187	sleuth	探偵，刑事	スルーするのは容疑者の<u>探偵</u>を泳がすためだと<u>刑事</u>は釈明
188	injunction	禁止命令	隠者，苦笑，移動<u>禁止命令</u>前から10年以上移動せず

189	bungle	しくじる	バン（ライトバン），ぐるの仲間が運び出しに<u>しくじる</u>
190	sour	悪化する	差，噂以上に大きく，馬主と調教師の関係が<u>悪化する</u>
191	fizzle	失敗に終わる	火，ずる賢いと噂の会社のマッチで点かずに BBQ は<u>失敗に終わる</u>
192	severance	契約解除	背（丈）バランスのため，舞踊チームの一部を<u>契約解除</u>
193	nudge	優しく説得する	馴染むまでは指示に従うよう新人を<u>優しく説得する</u>
194	outage	停止状態	会うと定時にエアコンが<u>停止状態</u>，帰れということ？
195	arable	耕作に適した	荒ぶる天気に耐える機材で荒地を<u>耕作に適した</u>場所にする
196	solicit	募る	そり，市と共同で開発してくれるメーカーを<u>募る</u>
197	revoke	無効にする	利，暴君に偏りすぎと契約を<u>無効にする</u>決議が成立
198	sap	徐々に奪う	サプライズの買収の失敗が，社員の活力を<u>徐々に奪う</u>
199	contraction	縮小	コント楽勝，出番は<u>縮小</u>
200	staid	落ち着いた	ステイ（宿泊），どこも空き無の報告後も<u>落ち着いた</u>指示する上司

201 | unleash

Leading tech-industry <u>trade groups</u> in the state / expressed concern / that a new state law would <u>unleash</u> a <u>torrent</u> of <u>misinformation</u> / on social media platforms.

> 州内の主要なハイテク産業の業界団体は，新しい州法によって，ソーシャルメディアのプラットフォーム上で様々な偽情報が溢れることになると懸念を表明した。

---

unleash [ʌ̀nlíːʃ]
餡，履修した講義で知った特性が興味を引き起こす

【他動】1.〔〜を〕引き起こす； 2.〔感情・強い力などを〕解き放つ，爆発させる； 3.〔〜を〕束縛から解放する

---

trade group 業界団体
torrent [tɔ́rənt / tɑ́rənt]【名】〔言葉などの〕連発
misinformation [mìsinfəméiʃən]【名】誤報，虚報，偽（デマ）情報，がせネタ

202 | bare

When the largest factory of a leading toilet paper manufacturer / temporarily shut down its <u>operations</u>, / some store shelves were left <u>bare</u>.

> 大手トイレットペーパーメーカーの最大の工場が一時的に操業を停止した時，一部の店舗の棚がむき出し（空）の状態だった。

---

bare [béər]
ベアリング工場建設のため地面がむき出しになった用地

148

を探す

【形】1.〔通常と異なり〕覆いがない，むき出しになった；　2.〔体の一部が〕衣類で覆われていない，裸の；　3. わずかな，ほんの少しの

operation [àpəréiʃən]【名】業務，操業，事業，事業活動，営業活動，運営

203 incessant

The country's largest international airport announced / that it would temporarily halt domestic and international flights / after incessant rain flooded the terminal building.

国内最大の国際空港は，降り続く雨でターミナルビルが浸水したため，国内線と国際線の運航を一時的に停止すると発表した。

incessant [insésənt]
（大学）**院生さんとの絶え間ない議論が考える力を育む**
【形】絶え間のない，ひっきりなしの

204 stalemate

Many military experts consider / the current stage of the war to be a stalemate.

多くの軍事専門家は，戦争の現状は膠着状態であると考えている。

stalemate [stéilmèit]

棄てる名刀，歴史的価値の説得の<u>行き詰まり</u>の結果

【名】〔交渉などの〕行き詰まり，こう着状態

【他動】〔〜を〕行き詰まらせる，窮地に追い込む

| 205 | mishap

Economists are increasingly concerned about the risks of fiscal <u>mishap</u>, / where the Treasury will temporarily <u>skip</u> payments / on obligations such as government <u>payroll</u>.

> エコノミストは，財務省が，政府職員の給与などの債務の支払いを
> 一時的にとばすという財政上の事故のリスクについて，ますます懸
> 念している。

mishap [míʃæp]

ミス，ハプニングは<u>不運な出来事</u>と受け流す

【名】1. 不運な出来事，災難；　2. 不運，不幸

skip [skíp]【他動】省略する，〔食事などを〕抜かす，とばして読む，〔授業などを〕欠席する，すっぽかす

payroll [péiròul]【名】給与，給料，人件費

【米国の行政府―省（2）】

財務省（Department of the Treasury, Treasury Department）は，元来，連邦政府の歳入管理を担う組織です

が，現在の同省の基本的な機能は，金融・税制・財政政策（financial, tax and fiscal policies）の策定，連邦政府の財務代行，特殊な法執行任務の遂行，および貨幣・紙幣（coins and currency）の製造の4つになっています。

　同省の内国歳入庁（Internal Revenue Service (IRS)）は，日本の国税庁に相当し，連邦政府の歳入の大半を占める税金の確認，査定，および徴収を行っています。

　財務省の外国資産管理室（Office of Foreign Asset Control (OFAC)）では，外交政策・安全保障上の目的から，米国が指定した国・地域や特定の個人・団体などについて，取引禁止や資産凍結などの措置を講じています。こうした規制は **OFAC** 規制と呼ばれています。

206 selloff

A globally prominent investment fund, / <u>battered</u> by the tech <u>selloff</u>, / has <u>lagged behind</u> the overall stock market / since its <u>kickoff</u> three years ago.

> ある世界的に著名な投資ファンドは，ハイテク株の急落により打ちのめされ，3年前の開始以来，株式市場全体に遅れをとっている。

---

selloff /sell-off
セールを普段からするから店頭価格も急落する

【名】1. 急落，暴落；　2.〔資産処分のための低価値での〕
　　　売却；　3. 民間への払い下げ

---

batter [bǽtər]【他動】〔～を〕続けざまに打つ，〔～を〕連打（乱打）する，打ちのめす，めった打ちにする

lag behind 〔競争相手との〕距離が開く，〔競争相手に〕後れを取る

kickoff【名】〔計画などの〕開始

207 | wrack

The outcome of contract talks / between <u>dockworkers</u> and <u>cargo-handling</u> companies / will significantly impact an American economy / being <u>wracked</u> by supply-chain <u>disruptions</u>.

> 港湾労働者と荷役会社の契約交渉の結果は，サプライチェーンの混乱に苦しめられているアメリカの経済に，大きな影響を与えるであろう。

---

wrack [rǽk]

楽勝ムードが一変，弱小チームが強豪を<u>苦しめる</u>

【他動】〔人を〕拷問にかける，苦しめる

【名】1. 破壊，荒廃； 2. 〔破壊された〕残骸

---

dockworker [dɔ́kwə̀ːrkər]【名】港湾労働者

cargo handling 荷役（船荷の上げ下ろし）

disruption [disrʌ́pʃən]【名】混乱，崩壊

208 | afflict

Fires at an <u>ammunition depot</u> / near the Russian border with Ukraine / have <u>afflicted</u> Russian military facilities / and put pressure on supply lines to Russian forces.

> ロシアとウクライナの国境近くの弾薬庫での火災は，ロシアの軍事施設を苦しめ，ロシア軍への供給ラインに圧力をかけた。

> **afflict** [əflíkt]
> **あ！不利，区と結んだ工事契約が社長を悩ます**
>
> 【他動】〔肉体的・精神的に〕苦しめる，悩ます

ammunition [æ̀mjuníʃən] 【名】銃弾，砲弾，弾薬
ammunition depot　弾薬庫

209 swoon

After the chief executive of a major car company announced / that he had secured <u>funding</u> for a takeover deal, / the stock market <u>swooned</u>.

大手自動車会社の最高経営責任者が，買収案件の資金を確保したと発表した後，株式市場が急落した。

> **swoon** [swún]
> **酢，うんと入れ過ぎた新作中華に常連客が卒倒する**
>
>
>
> 【自動】1. 気絶する，卒倒する，〔比喩的に〕暴落する，急落する；　2. 非常に興奮する，熱狂する；　3. 〔音などが〕次第に消えていく

funding [fʌ́ndiŋ] 【名】資金調達，資金提供，財政的支援，財源

swallow

A major insurance company had to decide to <u>swallow</u> its competitor / before fully understanding its financial condition.

> 大手保険会社は，財務状況を完全に把握する前に，競合会社を買収することを決定しなければならなかった。

---

swallow [swálou]

座ろうと言う競合会社社長が当社を吸収する案を提示

【他動】1.〔会社，組織などを〕吸収する，合併する； 2.〔～を〕飲み込む（下す）； 3.〔話などを〕うのみにする，信じる

【名】飲み込む（下す）こと

---

lard

The U.S. <u>tax code</u> is <u>larded</u> with provisions / that can help many wealthy people reduce their tax payments.

> 米国の税法には，多くの裕福な人々が税金を減らすのに有効な規定が盛り込まれている。

---

lard [lárd]

ラードで揚げたカツで揚げ物フェスの会場を飾りたてる

【他動】1.〔他の材料で～を〕飾り立てる； 2.〔調理の前にラードやベーコンなどを〕挟み込む； 3.〔～に〕ラードを塗る

---

code [kóud] 【名】法典，法規（集）

tax code 税法

212 rebuff

Two OPEC members <u>rebuffed</u> / <u>calls</u> from the United States and other countries / to <u>expel</u> Russia from a larger oil-production alliance.

OPEC 加盟の2か国は，より大きな石油生産同盟からロシアを追い出すという米国やその他の国々からの求めを拒絶した。

---

rebuff [ribʌf]
レバー，不要と肉屋からの格安提供を拒絶する

【他動】1.〔好意的な申し出・親切などを〕拒絶する，はねつける；　2.〔人に〕けんもほろろの挨拶をする，肘鉄（砲）を食らわす；　3.〔～を〕撃退する（追い払う）

---

call [kɔ́l]【名】需要，要求
expel [ikspél]【他動】追い出す，追放する，放出する，吐き出す，駆逐する

213 resonate

The emphasis by the French discount supermarket chain on super-low prices / has failed to <u>resonate with</u> Japanese consumers.

フランスのディスカウント・スーパーマーケット・チェーンによる超低価格重視は，日本の消費者の心に響いていない。

> **resonate** [rézənèit]
> **冷蔵ね～，意図は分かるが生が一番と漁師の声が<u>響き渡る</u>**
>
> 【自動】1.〔音・声などが〕鳴り響く，反響する，共鳴する；　2.〔心の中に〕響き渡る；　3. 共振する
> 【他動】反響（共鳴）させる，鳴り響かせる

resonate with ～に反響する，（人）の心に響く，～の間で共感を呼ぶ

214 | outright

Once the mortgage is paid off, / the borrower gains <u>outright</u> ownership of an asset / whose value is expected to <u>appreciate</u> over time.

> 住宅ローンが完済されれば，借り手は，価値が時間の経過とともに上昇すると期待される資産の完全な所有権を得られる。

> **outright** [áutràit]
> **会うと，ライトが庭中に灯され<u>無条件の</u>歓迎が示される**
>
> 【形】1. 無条件の；　2. 全くの，完全な，徹底的な；　3. 率直な，あからさまな，明白な

appreciate [əprí:ʃièit]【自動】価値が上がる，値上がりする，相場が上がる

215 | culminate

Spain experienced a severe <u>drought</u> / that <u>culminated</u> in a series of wildfires.

> スペインは，相次ぐ山火事にまでなった深刻な干ばつを経験した。

culminate [kʌ́lmənèit]

刈る！峰へと続く道の草は急げば今日中に終わる

【自動】1.（〜に）終わる，結果的に（〜に）なる；　2. 最高点（頂上・頂点・最高潮・絶頂）に達する，頂点を成す

【他動】最高点（頂上・頂点・最高潮・絶頂）に至らせる，〔〜を〕完結（完了）させる

drought [dráut] 【名】干ばつ，日照り，渇水

216 disarray

If the U.S. central bank sees / global supply chains are being <u>thrown into</u> deeper <u>disarray</u>, / it could soon start raising interest rates.

米国中央銀行は，世界のサプライチェーンがより深刻な混乱に陥っていると判断したら，金利の引き上げをすぐに開始する可能性がある。

disarray [dìsəréi]

時差，冷静なら考慮したが大雨の混乱で到着時間を間違う

【名】1.混乱，無秩序（状態）；　2. 乱れた（だらしない）服装（みなり・外見）；　3.〔精神状態の〕混乱，錯乱，混濁

【他動】〔〜を〕混乱させる，無秩序状態にする

throw 〜 into 〜を ... に投げ入れる（放り込む）

217 banish

Some countries stated / they would <u>freeze</u> and <u>banish</u>

Russian assets / from their <u>sovereign wealth fund</u>.

> 一部の国は，ロシアの資産を凍結し自国の政府系ファンドから外す
> と述べた。

---

banish [bǽniʃ]
場に集中できぬ者は道場から<u>追い出す</u>のが師範の方針

【他動】 1.〔人を〕追い出す，追放する，流刑にする；
2.〔心配事・嫌な考えなどを〕払いのける

---

freeze [fríːz]【他動】〔資産・価格・賃金など〕を凍結する，〔～の〕
運用を禁止する，引き出せないようにする
sovereign wealth fund 主権国家資産ファンド，政府系（投資）ファンド

---

218 | handover

A major high-fashion retailer has announced / the
founder's retirement of the chairman / and the appoint-
ment of his daughter as chairwoman, / which it de-
scribed as a generational <u>handover</u>.

> ある大手高級ファッション小売業者は，世代交代として，創業者の
> 会長職の退任とその娘の会長職への任命を発表した。

---

handover [hǽndouvər]
反動！バーは低迷から人気店になり店を若手に<u>引き渡す</u>

【名】 1. 引き渡すこと，手渡し，譲り渡すこと； 2.〔業
務などの〕引き継ぎ； 3.〔権利などの〕譲渡

---

219 menace

More than ten people / working for the Russian embassy and <u>consulate</u> / who were involved in <u>espionage</u> activities / <u>menacing</u> national security were expelled.

国家の安全保障を脅かすスパイ活動に参加してたロシア大使館と領事館で働いていた 10 人以上が，追放された。

---

menace [ménəs]

目，なすの新料理にくぎ付け！ライバル店の<u>脅威となる</u>！

【他動】1.〔〜の〕脅威となる，〔〜に〕取って危険である；　2.〔人を〕脅す，〔人を〕脅迫する

【名】1. 脅威，脅威となる（害を及ぼす）もの（人）；　2. 脅し，脅迫；　3. やっかいなもの（人），困り者

---

consulate [kánsəlit]【名】領事館

espionage [éspiənɑ̀ʒ / éspiənὰdʒ]【名】スパイ行為，偵察，スパイ，諜報

220 knell

Russia's invasion of Ukraine looks like a <u>death knell</u> / to many <u>expatriates</u> involved in Russian business.

ロシアのウクライナ侵攻は，ロシアビジネスに携わる多くの（海外からの）駐在者にとり，終焉の前兆のように見える。

---

knell [nél]

寝る前の<u>悲しい鐘の音</u>が決勝前の選手を不安にする

【名】弔鐘，鐘の音，悲しみの鐘，滅亡の前兆

---

death knell　終罵の前兆
expatriate [ekspéitriət]【名】国外居住者，海外駐在者

221　hunker

U.S. wealthy consumers are spending / at a healthy pace, / rather than <u>hunkering down</u> / in preparation for a <u>recession</u>.

> 米国の裕福な消費者は，不況に備えて身を潜めるどころか，健全なペースで支出している。

---

hunker [hʌ́ŋkər]
判（ハンコ），カーショップに忘れ，落胆で<u>しゃがむ</u>

【自動】背を曲げる，しゃがむ

---

hunker down【句動】身を潜める
recession [riséʃən]【名】景気後退，（一時的な）不景気

222　lax

Hackers who <u>broke into</u> the airline company's systems said / its <u>lax</u> security made it easier / for them to access the personal information of more than 5 million people.

> 航空会社のシステムに侵入したハッカーは，その会社のセキュリティが緩いため，500万人以上の個人情報に簡単にアクセスできたと述べた。

---

lax [lǽks]
楽するから，捜査が<u>手ぬるい</u>と部下を叱るベテラン刑事

【形】1.〔規律などが〕緩い，緩んだ，手ぬるい；
2.〔ひもなどの締め付け方が〕緩い； 3.〔人の態度などが〕だらしない

break into【句動】〔泥棒などが〕～に押し入る，（不法）侵入する，入り込む

223 dupe

Some entrepreneurs were accused / of carrying out plans to enrich themselves / by <u>duping</u> amateur investors.

> 一部の起業家は，素人の投資家をだますことにより自分自身を豊かにする計画を実行していると非難された。

dupe [dúːp]
銃（は）プラモデルと言って店員を<u>だます</u>窃盗グループ
【他動】だます，欺く

224 novice

Technology that can make investing easy / may <u>lead</u> stock-market <u>novices'</u> judgment astray.

> 投資を容易にする技術は，株式市場の初心者の判断を誤らせるかもしれない。

novice [návəs]
ナーバスになるのは<u>新人</u>だから当たり前

【名】新人，初心者，未経験者，新参者，未熟者

astray [əstréi]【副】道に迷って，道を間違えて，方向を見失って
lead someone's judgment astray （人）の判断を鈍らせる

225 immunity

The revised Justice Department's proposal clarified /
that internet companies would have <u>immunity</u> / when
they remove material promoting violent extremism.

> 修正された司法省の提案では，暴力的な過激主義を助長する素材を
> 削除する場合，インターネット企業は免責されることが明確になっ
> た。

---

immunity [imjúːnəti]
医務に抵触，緊急時でも法に触れる行為の<u>免責</u>は困難

【名】1.〔責任・義務などの〕免除，免責； 2. 刑事免責，
訴追免除； 3. 動じないこと，感化されないこと；
4.〔病気に対する〕免疫（性）

■■ 【米国の行政府―省（3）】

司法省（**Department of Justice, Justice Department**）
は，基本的に，日本の法務省をイメージするのが良いと思
いますが，法務省よりも業務範囲は広く，特に国内ニュー
スに登場する頻度は，恐らく比較できないほど多いように
思います。

「法の支配を維持し，米国の安全を保ち，公民権を保護す

ること」をミッションとする司法省は，法律問題や，法廷に関し，連邦政府を代表し，要請に応じて大統領および行政各省の長に，法的な助言や意見を提供しています。その他，地方警察を援助するとともに，全米各地の連邦地方検事（**U.S. district attorney**）や連邦保安官（**marshal**）を指揮し，連邦刑務所およびその他の刑務施設を監督しています。

映画やドラマに度々登場する連邦捜査局（**Federal Bureau of Investigation (FBI)**）は，同省の連邦犯罪に対する主要な法執行機関（**law enforcement body**）です。

226 burrow

As the cryptocurrency market has <u>burrowed into</u> the <u>mainstream</u> of finance, / how risky trading cryptocurrency is / can be <u>underscored</u>.

暗号通貨市場が金融の主流に浸透するにつれて，暗号通貨の取引がいかに危険であるかが強調される可能性がある。

burrow [bə́:rou]
婆，老人ながら危険を察知し素早く避難場所に<u>潜り込む</u>
【自】1.〔〜に〕潜り込む； 2.〔〜を〕深く掘り下げて調べる； 3.〔穴などに〕身を隠す，潜伏する

burrow into 〜に潜り込む
mainstream [méinstri:m]【名】〔思想や芸術などの〕主流，本流
underscore [ʌ̀ndərskɔ́r]【他動】〔〜を〕強調する，〔〜を〕明確に示す

227 | fungible

Federal prosecutors <u>brought a case</u> / involving a man / <u>allegedly</u> engaged in insider trading of non-<u>fungible</u> tokens or NFTs.

> 連邦検事は，代替不可能なトークン（NFT）のインサイダー取引に携わったとされている男性が関与する訴訟を起こした。

---

fungible [fʌ́ndʒibəl]
不安！字，ブルブル震えて，<u>代替可能な</u>署名者をさがす

【形】取り替えられる，代替（交換）可能な

---

bring a case　訴える，告訴する
allegedly [əlédʒidli]【副】伝えられるところでは，申し立てによると，〜したとされている

228 | pan

Many banks and brokers / that own a major European stock exchange / <u>panned</u> its proposed merger / with a smaller Asian financial exchange.

> ヨーロッパの大手証券取引所を所有する多くの銀行やブローカーが，その取引所のアジアの小規模な金融取引所との合併案を酷評した。

---

pan [pǽn]
パンは鍋料理には合わないと幹事を<u>ひどくけなす</u>

【他動】1. ひどくけなす，酷評する，こきおろす；
　　　　2.〔〜を〕鍋料理にする；　3.〔良品を〕ピックアップする
【自動】〔砂金などを〕ふるい分ける

164

229 pique

The non-agency mortgage market, / where financial firms create vast pools of loans and sell them to investors, / has <u>piqued</u> the interest of <u>money managers</u> / searching for higher yields.

> 金融機関が巨大な住宅ローンのプールを作って投資家に販売する非政府機関の住宅ローン市場は，より高い利回りを求める資産運用会社の関心を高めている。

---

pique [píːk / piːkéi]

ピークはまだとタピオカ店開業希望者の興味をそそる

【他動】1.〔興味・好奇心を〕そそる ； 2.〔人を〕怒らせる，あおる ； 3.〔自尊心を〕傷つける

---

money manager 資産運用会社，投資管理者

230 indelible

Innovative start-ups have developed new financial products / that can have an <u>indelible</u> impact on global financial markets.

> 革新的な新興企業は，世界の金融市場に消えない影響を与える可能性のある新しい金融商品を開発した。

---

indelible [indéləbəl]

印でラベルを用意すれば消せないし繰り返し使える

【形】〔汚れ・インク・記憶などが〕消せない，消去できない

---

saunter

Energy companies stopped their gas drilling / and watched natural gas production <u>saunter</u>, / hoping the <u>glut</u> of gas would ease.

> エネルギー企業は，ガスの過剰供給が緩和されることを期待してガス掘削を停止し，天然ガスの生産が次第に下がるのを見守った。

---

saunter [sɔ́ntər]

忖度するのは疲れると，気晴らしに<u>ぶらつく</u>

【自動】ゆったりと歩く，のんびり歩く，散歩する，ぶらつく
【名】散歩，ゆったりと歩くこと

---

glut [ɡlʌ́t] 【名】供給過剰

twaddle

Concerns that foreigners are pouring large amounts of money into the U.S. economy / to <u>take over</u> it / are <u>xenophobic</u> <u>twaddle</u>.

> 外国人が米国経済を乗っ取るために米国経済に多額の資金を投入しているという懸念は，外国人嫌いのたわ言である。

---

twaddle [twɑ́dl]

「都はどうルール化するの？」と無関係な上司の<u>無駄口</u>

【名】無駄口，たわ言
【自動】無駄口をたたく，ばかげたことを言う（書く）
【他動】〔～について〕ばかげたことを言う（書く）

take over 【句他動】1.〔力ずくで権力などを〕奪う（奪取する）；
2.〔会社などを〕買収する（乗っ取る）
xenophobic [zènəfóubik]【形】外国（人）嫌いの

233 deterrent

In addition to the <u>headwinds</u> / from the euro-zone debt crisis, / the U.S. <u>credit crunch</u> / may be a <u>deterrent</u> to economic recovery.

> ユーロ圏の債務危機による逆風に加えて，米国の信用危機が景気回復の妨げになるかもしれない。

---

deterrent [ditə́:rənt]
爺，照れんとクラブ前の妨害物をどかして中に入る

【名】1. 抑止するもの（手段），妨害物；　2.〔核兵器などの〕戦争抑止力
【形】抑止する，妨げる，制止する，引き止める

---

headwind [hédwìnd]【名】〔進行方向に対する〕逆風，向かい風
credit crunch 信用収縮（資金供給量が低下する現象）

234 fractious

A unionized company may sometimes have a <u>fractious</u> relationship / with union members, / but it also can be the most successful company in the industry.

> 労働組合のある会社は，時には組合員と難しい関係になることもあるが，業界で最も成功している会社にもなりうる。

fractious [frǽkʃəs]

不落，（入札）社数不明だが相次ぐ原因は手に負えない入札条件

【形】1. 怒りっぽい，気難しい，手に負えない； 2. 反抗的な，言うことを聞かない

（**参考**）不落は，入札において，最低入札金額が発注者の，予算の上限である予定価格を上回り，入札が成立しないこと。

235 queue

As the COVID-19 pandemic has exacerbated queueing, / many companies are experimenting with virtual line systems / that allow customers to take their place digitally.

新型コロナウイルスの大流行により行列待ちが悪化しているため，多くの企業が，顧客がデジタルに自分の場所を取ることができる仮想行列システムを実験している。

queue [kjúː]

急にタクシー待ちの人が列をつくるのは電車遅延のため

【自動】〔順番待ちの〕列をつくる
【他動】〔～に〕列をつくらせる，〔～を〕列に並ばせる
【名】〔人や車の〕待っている列

exacerbate [igzǽsərbèit]【他動】〔悪い状況をさらに〕悪化させる

236 convolute

Making mortgages is a <u>convoluted</u> task / in an area where <u>credit</u> is scarce / due to <u>battered</u> property values.

> 住宅ローンを組むことは，不動産価値が下落により信用度が不足している地域では，複雑な作業である。

convoluted [kɔ́nvəlùːtəd]【形】1. 複雑な，込み入った； 2. 渦巻き状の，回旋状の，曲がりくねった

---

convolute [kɑ́nvəlùt]
勘！バルト海での事故が沿岸国を<u>巻き込む</u>事態になるかも
【自動】巻き込む
【他動】巻き込ませる

---

credit [krédit]【名】〔商取引の上での〕信用度
batter [bǽtər]【他動】〔～を〕続けざまに打つ，〔～を〕連打（乱打）する，打ちのめす，めった打ちにする

237 hone

The former head of a fund management company / that <u>filed for</u> bankruptcy / appears to have applied the experience / he <u>honed</u> at the casino tables / to cryptocurrency trading.

> 破産申請した資金運用会社の元責任者は，カジノのテーブルで磨いた経験を，暗号通貨取引に応用したようだ。

> **hone** [hóun]
>
> **帆，運搬する技術に磨きをかける**
>
> 【他動】1.〔能力などに〕磨きをかける，〔技能などを〕磨く；　2.〔～を〕砥石で研ぐ
>
> 【名】砥石　◆特にかみそり用の

file for　～を申請（申告）する，～を申し立てる

238 | snare

Major mobile-phone chip companies / forced multiple
<u>vendors</u> to produce the same type of chips / to <u>snare</u>
chip supply / in the face of <u>unprecedented</u> shortages.

> 大手の携帯電話用チップ企業は，前例のないチップ不足に直面し，チップの供給を確保するため，複数のベンダーに同じ種類のチップを生産させた。

> **snare** [snéər]
>
> **脛，穴に落ちて痛めた直後に特効薬の山草を手に入れる**
> （すね）
>
> 【他動】1.〔巧妙に～を〕手に入れる；　2. ～をわなで捕らえる；　3.（人）を誘惑してだます

vendor [véndər]【名】納入業者，供給業者，販売会社
unprecedented [ʌnprésidèntəd]【形】前例（先例）のない，異例の，空前の，今までに例のない，かつてない

239 | rally

A <u>rally</u> in resource stocks / helped the stock market
<u>snap</u> the two-week losing <u>streak</u>.

資源株などの上昇（反騰）により，株式市場は2週連続の下落を止めた。

---

rally [rǽli]

ラリーでの苦戦に技術陣から監督への反発が広がる

【名】1.〔景気や株式相場などの〕反発，反騰；　2.〔政治的・宗教的な〕大集会，決起集会
【他動】〔～を〕（再び）呼び集める，（再び）集めて整える，集めて再組織する，再結集させる，まとめる
【自動】集まる，再結集する

---

snap [snǽp]【他動】〔連敗・連勝などを〕止める
streak [stríːk]【名】〔勝ち・負けなどの〕連続，ひと続き

|240| **shatter**

AI-driven technologies and ideas / that create an innovative manufacturing environment / are <u>shattering</u> traditional business models.

革新的な製造環境を作り出すAI（人工知能）主導の技術とアイデアが，従来のビジネスモデルを打ち砕いている。

---

shatter [ʃǽtər]

シャッターに挟まれ，ガラスの食器が砕け散る

【他動】1.〔～を〕打ち砕く，粉々に壊す，壊滅させる，

粉々にする，粉砕する，台無しにする；　2.〔健康などを〕害する；　3.〔希望などを〕くじく，壊す

【自動】1. 粉々になる, 飛散する；　2.〔夢・希望などが〕壊れる

【大統領令】

【米国連邦政府】や【大統領の教書 (1)】で，「連邦政府の立法府は連邦議会」「大統領令自身は立法権限を持っていない」と述べましたが，読者の中には，「歴代大統領が大統領令（Executive Order）を使って，政策を変更しているではないか」と思った方がいるかもしれません。行政命令と訳されることもある大統領令は，議会によって認められた法律を執行（execute）する立場にある大統領が，連邦政府の運営（the operations of the Federal Government）を管理するための公式文書で，法律の執行の具体的方法を，連邦政府などの行政組織に対して命じるものです。従って，新たな法律により政策を変更しているわけではありませんが，実際には，大統領令は「執行の方法」を変えることで，現状変更の手段となっています。とはいえ，大統領令が，現在の連邦議会の意図と異なる場合などは，連邦議会は根拠となる法律を修正するなどして効力を失わせることができます。また，連邦最高裁判所（Supreme Court of the United States）が違憲判断を下した場合は，大統領令は無効になります。

(1) 見出し語番号　　(2) 見出し語
(3) 見出し語の (連想 (語呂合わせ) 文での) 意味　　(4) 連想 (語呂合わせ) 文

(1)	(2)	(3)	(4)
201	unleash	引き起こす	餡, 履修した講義で知った特性が興味を引き起こす
202	bare	むき出しになった	ベアリング工場建設のため地面がむき出しになった用地を探す
203	incessant	絶え間ない	（大学）院生さんとの絶え間ない議論が考える力を育む
204	stalemate	行き詰まり	棄てる名刀, 歴史的価値の説得の行き詰まりの結果
205	mishap	不運な出来事	ミス, ハプニングは不運な出来事と受け流す
206	selloff	急落	セールを普段からするから店頭価格も急落する
207	wrack	苦しめる	楽勝ムードが一変, 弱小チームが強豪を苦しめる
208	afflict	悩ます	あ！不利, 区と結んだ工事契約が社長を悩ます
209	swoon	卒倒する	酢, うんと入れ過ぎた新作中華に常連客が卒倒する
210	swallow	吸収する	座ろうと言う競合会社社長が当社を吸収する案を提示
211	lard	飾りたてる	ラードで揚げたカツで揚げ物フェスの会場を飾りたてる
212	rebuff	拒絶する	レバー, 不要と肉屋からの格安提供を拒絶する
213	resonate	響き渡る	冷蔵ね〜, 意図は分かるが生が一番と漁師の声が響き渡る

214	outright	無条件の	会うと，ライトが庭中に灯され<u>無条件の</u>歓迎が示される
215	culminate	終わる	刈る！峰へと続く道の雑草は急げば今日中に<u>終わる</u>
216	disarray	混乱	時差，冷静なら考慮したが大雨の<u>混乱</u>で到着時間を間違う
217	banish	追い出す	場に集中できぬ者は道場から<u>追い出す</u>のが師範の方針
218	handover	引き渡す	反動！バーは低迷から人気店になり店を若手に<u>引き渡す</u>
219	menace	脅威となる	目，なすの新料理にくぎ付け！ライバル店の<u>脅威となる</u>！
220	knell	悲しい鐘の音	寝る前の<u>悲しい鐘の音</u>が決勝前の選手を不安にする
221	hunker	しゃがむ	判（ハンコ），カーショップに忘れて，落胆で<u>しゃがむ</u>
222	lax	手ぬるい	楽するから，捜査が<u>手ぬるい</u>と部下を叱るベテラン刑事
223	dupe	だます	銃（は）プラモデルと言って店員を<u>だます</u>窃盗グループ
224	novice	新人	ナーバスになるのは<u>新人</u>だから当たり前
225	immunity	免責	医務に抵触，緊急時でも法に触れる行為の<u>免責</u>は困難
226	burrow	潜り込む	姿，老人ながら地震後に素早く避難場所に<u>潜り込む</u>
227	fungible	代替可能な	不安！字，ブルブル震えて，<u>代替可能な</u>署名者をさがす
228	pan	ひどくけなす	パンは鍋料理には合わないと幹事を<u>ひどくけなす</u>

229	pique	興味をそそる	ピークはまだとタピオカ店開業希望者の興味をそそる
230	indelible	消せない	印でラベルを用意すれば消せないし繰り返し使える
231	saunter	ぶらつく	忖度するのは疲れると，気晴らしにぶらつく
232	twaddle	無駄口	「都はどうルール化するの？」と無関係な上司の無駄口
233	deterrent	妨害物	爺，照れんとクラブ前の妨害物をどかして中に入る
234	fractious	手に負えない	不落，（入札）社数不明だが相次ぐ原因は手に負えない入札条件
235	queue	列をつくる	急にタクシー待ちの人が列をつくるのは電車遅延のため
236	convolute	巻き込む	勘！バルト海での事故が沿岸国を巻き込む事態になるかも
237	hone	磨きをかける	帆，運搬する技術に磨きをかける
238	snare	手に入れる	脛，穴に落ちて痛めた直後に特効薬の山草を手に入れる
239	rally	反発	ラリーでの苦戦に技術陣から監督への反発が広がる
240	shatter	砕け散る	シャッターに挟まれ，ガラスの食器が砕け散る

241 bruise

Although the FRB's reputation may have been <u>bruised</u> / by misjudging economic conditions, / the FRB does not appear to have lost its credibility in markets.

> FRB（連邦準備制度理事会）の評判は，経済状況の判断を誤ったことで傷ついたかもしれないが，FRB が市場からの信頼を失ったわけではないようだ。

---

bruise [brúːz]

（気分は）ブルー！随分前に高額商品を傷つけたことを思い出す

【他動】1.〔〜を〕傷つける，へこませる，〔〜に〕あざをつける（残す），打撲傷を負わせる；　2.〔果物を〕傷める，駄目にする；　3.〔人の感情を〕傷つける，害する

【名】〔果物などの〕傷み，変色

---

242 scrutiny

Technology companies are <u>ramping up</u> <u>lobbying</u> efforts / amid heightened federal <u>scrutiny</u> of them, / including antitrust investigations from the Federal Trade Commission.

> テクノロジー企業は，連邦取引委員会による反トラスト法違反の調査など，連邦政府による監視が強化される中，ロビー活動を活発化させている。

scrutiny [skrúːtəni]

スクリュー，他に比較し重要なので工場の監視を強化

【名】1. 精密な調査，精査，吟味； 2. 監視； 3. 投票検査

ramp [rǽmp]【自動】傾斜する

【他動】〔～に〕傾斜をつける（させる）

ramp up【句動】〔一定の比率で〕増やす，増加（上昇・成長）させる

lobby [lάbi]【自動】ロビー活動（議員に対し議案通過（阻止）の働きかけ）をする

243 ricochet

Financial markets <u>ricocheted</u> / after the European Central Bank raised interest rates / by 50 basis points.

欧州中央銀行が 50 ベーシスポイント（＝0.5％）の金利を引き上げた後，金融市場は飛び跳ねた（乱高下した）。

ricochet [rìkəʃéi]

理科，市営プールの水面を石が跳ね飛ぶ実験が人気

【自動】1.〔価格などが〕乱高下する，〔物事が〕あちこちに影響する； 2.〔弾丸・石などが物に当たって〕はね返る，跳飛する，〔音・光などが〕反射する

244 | heap

Many economists at financial institutions say / a negative interest-rate policy would <u>heap</u> problems on a sector / already <u>weighed down</u> by the COVID-19 pandemic.

金融機関のエコノミストの多くが，マイナス金利政策は，新型コロナウイルスの大流行が重荷になっているセクターに問題を積み上げることになるだろうと述べている。

---

heap [híːp]
火！プロパンガスにも引火し被害を<u>積み上げる</u>

【他動】1.〔～を〕積み上げる，〔～を〕積み重ねる；
2.〔～を〕山盛りにする，〔～を〕一杯にする，〔～を〕あふれさせる；3.〔～を〕たっぷりと（山ほど）与える

---

weigh [wéi]【他動】〔決定するために～を〕比較（品定め・熟考・検討）する
weigh down【句動】（人）の気を重くさせる，（人）の重荷になる，（人）を意気消沈させる

245 | cowardice

In a low-interest rate environment, / the <u>reward</u> for <u>cowardice</u>, / such as wanting to make money without taking any risk, / seems surprisingly small.

低金利の環境下では，リスクを取らずに儲けたいというような「臆病」に対する「うまみ」は，驚くほど少ないようだ。

cowardice [káuərdis]
川で椅子，虫嫌いで地面に座りたくない臆病な友人の発想
【名】臆病，小胆

reward [riwɔ́rd]【名】〔行為の結果としての〕利益，恩恵，うまみ

246 lethal

The consequences of sustained inflation would be so
lethal / that corporate executives must prepare their
businesses / for the possibility of a prolonged econom-
ic downturn.

持続的なインフレの結果は非常に致命的であるため，企業経営者は
景気低迷が長期化する可能性に備えて，事業を準備する必要がある。

lethal [líθəl]
利（利益），去る，そして多大な損害に終わった投資話
【形】1. 多大な損害（被害）をもたらす可能性のある；
2. 致死の，死を招く

247 onerous

A shortage of airline workers / and a surge in demand
for vacation travel / led airline companies / to put more
onerous attendance on the remaining workers.

航空会社の労働者の不足と休暇旅行の需要の急増により，航空会社
は残った労働者にさらに重荷になる出勤を課すようになった。

> **onerous** [ánərəs]
>
> **（この部品の）穴，ラストまであけるのは熟練者でも厄介な仕事**
>
> 【形】1.〔仕事・任務・義務などが〕面倒な，厄介な，煩わしい，重荷になる；　2. 義務負担を伴う，有償の

surge [sə́:rdʒ]【名】〔投資・関心・感情などの〕急激な高まり，急増，急騰

remaining [riméiniŋ]【形】残りの，残っている

248 | seditious

<u>Seditious</u> <u>conspiracy</u> is a serious federal crime / that <u>criminalizes</u> attempts to <u>subvert</u> the functioning of the U.S. government.

扇動的陰謀罪は，米国政府の機能を破壊しようとする試みを違法とする重大な連邦犯罪である。

> **seditious** [sidíʃəs]
>
> **支持者，直ぐにでも<u>扇動的な</u>行動が必要と気勢を上げる**
>
> 【形】扇動的な，治安妨害の

conspiracy [kənspírəsi]【名】陰謀，共謀

criminalize [krímənəlàiz]【他動】〔行為などを〕刑法により禁じる（違法とする），〔物事などを〕犯罪とする

subvert [səbvə́:rt]【他動】1.〔～を〕滅亡させる，〔～を〕破壊する；　2.〔政権などを〕倒す，転覆させる

180

249 | aberration

The surge in demand for laptops and tablets / began as a pandemic-era <u>aberration</u> / and led to the global chip shortage.

> ノートパソコンやタブレットの需要急増は，パンデミック時代の異常事態として始まり，世界的なチップ不足をもたらした。

---

aberration [æ̀bəréiʃən]

あ！ベレー（帽）！しょんぼりしすぎで式での脱帽の常識から逸脱

【名】1. 異常，常軌（常道）を外れる（逸する）こと，逸脱，欠陥，脱線（行為），奇行，例外的な状況；　2. 異常者，倒錯者

---

250 | curb

The Justice Department submitted a proposal to Congress / that would <u>curb</u> <u>longstanding</u> legal protections / for social-media companies.

> 司法省は，ソーシャルメディア企業に対する長年の法的保護を抑制する提案を議会に提出した。

---

curb [kə́ːrb]

カーブは肘への負担大と投球数を抑えるベテラン投手

【他動】1. 抑える，制限する，歯止めをかける；　2.〔歩道に〕縁石を付ける；　3. 縁石の方に移動させる

---

longstanding [lɔ́ːŋstǽndiŋ]【形】長く続いている，長年（長期）

にわたる，積年の

251 | hoard

Agricultural officials say / the rise in wheat prices due to lower output / has led to <u>hoarding</u> / by some wheat traders.

農業関係当局は，生産量の減少による小麦価格の上昇が，一部の小麦トレーダーによる買いだめを引き起こしていると述べている。

---

hoard [hɔ́rd]
報道通りならトイペ不足は必至と買いだめする

【他動】1. 貯蔵する，蓄える，ため込む，買いだめする；
　　　　 2. 〔事実などを〕心にしまう，胸に秘める
【自動】貯蔵する，蓄える
【名】1. 〔金などの〕貯蔵，買いだめ；　2. 〔知識・事実などの〕蓄積，宝庫

---

252 | extort

According to <u>law-enforcement</u> officials, / a foreign woman arrested in New York / was <u>charged</u> with trying to <u>extort</u> money / from a high-profile CEO.

法執行当局によると，ニューヨークで逮捕された外国人女性は，注目を集めている CEO から金銭を脅し取ろうとした容疑で起訴された。

---

extort [ekstɔ́rt / ikstɔ́rt]
行く！スト！止めるなら金を払えと強要する

【他動】1.〔金銭などを〕ゆすり取る，巻き上げる，強要する，〔約束・自白などを〕無理強いする；　2.〔自白・約束などを〕強要する

---

law enforcement　法執行機関，警察（権力）
charge [tʃɑ́rdʒ]【他動】〔人を〕告発（告訴・起訴）する

253 slap

The upward pressure on consumer-price inflation / has led the government / to slap extra duties on agricultural exports.

消費者物価の上昇圧力を受けて，政府が農産物の輸出品に対して追加関税を課している。

---

slap [slǽp]
スラ！プリンで痩せる！は誇大広告，罰金を科すべき！

【他動】1.〔〜を〕ピシャリと打つ（音を立てる），はたく，ひっぱたく，平手でたたく（打つ）；　2.〔罰金などを〕科す，執行する

---

duty [dúːti]【名】〔商品・印紙などに対する〕税（金），関税

254 | edict

After the <u>backlash</u> among individual customers, / the
CEO of a major insurance company / had to issue an
<u>edict</u> / telling its insurance salespeople to act with care.

> 個人顧客の反発を受け，大手保険会社の CEO は，同社の保険販売
> 担当者に，慎重な行動を求める（正式な）指示を出さざるを得なかっ
> た。

---

edict [íːdikt]

いい塾，遠いからと，両親の<u>指示</u>で近場の塾に通う

【名】1.〔正式な〕命令，指示； 2.〔政府・支配者など
の〕布告，政令，法令

---

backlash [bǽklæʃ]【名】〔政治・社会改革などに対する強い〕反
発，反感

255 | rebuke

The Office of the U.S. Trade Representative / <u>rebuked</u>
China / for misrepresenting why trade talks between
the two countries have <u>stalled</u>.

> 米国通商代表部は，両国間の貿易交渉が行き詰まった理由を誤って
> 伝えていると，中国を非難した。

---

rebuke [ribjúːk]

レビュー，苦し紛れの内容を上司が<u>強く非難する</u>

【名】非難，叱責，懲戒
【他動】〔～を〕叱る，叱責する，咎める，強く非難する，

なじる

stall [stɔ́l]【自動】立ち往生する，行き詰まる

【米国の行政府―大統領府】

　連邦政府には「省」ほかにも，大統領の直属機関である大統領府（Executive Office of the President）に付属する機関が多数あります。その中には，大統領経済諮問委員会，米国通商代表部が含まれます。

　大統領経済諮問委員会（Council of Economic Advisers (CEA)）は，主としてマクロ経済運営，経済情勢について大統領に助言し，予算編成の基礎となる大統領経済報告（Economic Report of the President）を作成する有数のエコノミストで構成される組織です。

　米国通商代表部（Office of the U.S. Trade Representative (USTR)）は，通商交渉のための特別機関として，米国の通商政策全般を担い，関税法，通商拡大法，通商法で規定する通商協定の実施に当たっています。代表である通商代表は閣僚級ポストで，外交交渉権限を与えられています。米国の包括通商法の条項の1つである通商法第301条は，不公正と判断された貿易に対して，相手国と協議し，解決できない場合は，米国が貿易協定上の特恵措置の停止や輸入制限措置などの制裁措置を発動できることなどを定めており，その権限を USTR に与えています。

poach

After the head of global mergers and acquisitions at a large law firm / moved to a rival law firm, / that rival firm <u>poached</u> more than ten partners.

> 大手法律事務所のグローバル M&A の責任者がライバル法律事務所に移った後，そのライバル法律事務所は 10 人以上のパートナーを引き抜いた。

---

poach [póutʃ]

ポーチドエッグが食べられると他店からバイトを<u>引き抜く</u>

【他動】1.〔人材を〕引き抜く；　2.〔～を〕密猟する；
　　　　3. 侵害する，盗む，横取りする

---

frenzy

Some venture capitalists have grown concerned about the high valuations / based on the <u>hype</u> brought about by the SPAC <u>frenzy</u>.

> 一部のベンチャーキャピタリストは，SPAC（特別買収目的会社）熱よってもたらされた過剰な宣伝に基づく高い評価額について，懸念を募らせている。

---

frenzy [frénzi]

（打席でバットを）振れん自分に苛立つ四番打者がベンチ裏で<u>狂乱</u>

【名】1.〔行動の〕激発，狂乱；　2.〔精神状態の〕逆上，
　　　　激高；　3.〔一時的な〕精神錯乱

---

hype [háip] 【名】誇大広告，誇大宣伝，刺激的な宣伝

258 **tout**

U.K. Prime Minster Liz Truss has <u>touted</u> herself / as the <u>heir</u> to Margaret Thatcher.

> リズ・トラス英首相は，自らをマーガレット・サッチャーの後継者
> であると売り込んできた。

---

tout [táut]

田，疎んじつつ土地売却目的で稲作を<u>褒めちぎる</u>隣の農家

【他動】1.〔～を〕褒めちぎる，〔～を〕盛んに宣伝する；
　　　　2. 押し売りする，しつこく（うるさく）勧める，
　　　　しつこく売り込む（勧誘する）；　3.〔競馬の情報
　　　　を〕売る，流す，得る

【自動】1. 押し売りする，うるさく勧誘する；　2.〔予想
　　　　屋が〕レース情報（予想）を売る

---

heir [ér] 【名】後継者，跡継ぎ

259 **flip**

Pharmaceutical companies that had previously argued / that the price increases were necessary / to secure funding for research and development of new drugs, / recently <u>flipped</u> that <u>script</u>.

> 製薬会社は，以前は新薬の研究開発のための資金確保のために値上
> げが必要であると主張していたが, 最近, その台本をひっくり返した。

flip [flíp]

不利，プラント建設計画を<u>ひっくり返す</u>ほどの事故で販売遅延

【他動】1.〔～を〕ひっくり返す，入れ替える；　2.〔～を〕はじく，〔～を〕（ポンと・ヒョイと・パッと）投げる；　3.〔不動産・株などを素早く〕転売する

script [skrípt]【名】〔映画・演劇・放送などの〕台本，脚本，〔演説などの〕原稿

260 parch

Due to severe drought, / many almond farmers in <u>parched</u> parts of California / <u>dropped</u> plans to increase their almond <u>acreage</u>.

深刻な干ばつのため，カリフォルニア州の乾燥した地域の多くのアーモンド農家は，アーモンドの作付面積を増やす計画を中止した。

parch [pάrtʃ]

パー，チャンス！干ばつがグリーン横の池を<u>干上がらせている</u>

【他動】1.〔地面などを〕カラカラに乾かす，干上がらせる；　2.〔人の〕喉を渇かせる
【自動】1.〔地面などが〕干上がる；　2.〔人が〕喉が渇く，〔地面などを〕カラカラに乾かす，干上がらせる

drop [drάp]【他動】〔習慣・計画などを〕やめる，〔要求などを〕取

り下げる，〔問題・話題・事件などを〕打ち切る

acreage [éikəridʒ] 【名】1.〔エーカーで測った〕面積，地積，土地；　2. エーカー数

261 wean

The West seeks to <u>wean</u> countries with historical ties to Russia / from dependence on Russian military hardware.

> 西側は，ロシアと歴史的につながりのある国々を，ロシアの軍事装備への依存から引き離そうとしている。

---

wean [wíːn]

ウイーンに留学させたのは恋人から引き離すため

【他動】1.〔人を〕引き離す，〔〜に良くない習慣などを〕捨てさせる；　2.〔子どもを〕乳離れ（離乳）させる

【自動】離乳する

---

262 trove

Criminal hacking groups may have acquired / <u>troves</u> of personal information in advance / to carry out an <u>indiscriminate</u> cyberattack / on email software used by many companies.

> 犯罪ハッカー集団は，多くの企業で使われている電子メールソフトに対する無差別サイバー攻撃を行うため，事前に大量の貴重な個人情報を取得したのかもしれない。

trove [tróuv]

徒労！文化財になる<u>貴重な収集品</u>ではなく，ただのゴミ

　【名】1. 貴重な発見（物）；貴重な収集品；　2. 宝の山

indiscriminate [ìndiskrímənət]【形】差別（区別）しない，無差別の，見境のない

263 | tenet

The trade-off between unemployment and inflation / has long been considered / a central <u>tenet</u> of economics and / a critical macroeconomic relationship for policymakers.

> 失業（率）とインフレ（率）のトレードオフは，長い間，経済学の中心的な教義であり，政策立案者にとって重要なマクロ経済の関係であると考えられてきた。

tenet [ténət]

手，ねっとりしても「朝食は納豆巻き」が健康維持の<u>信条</u>

　【名】教義，信条，主義

264 | saddle

A social media company going private / would be <u>saddled</u> with hundreds of millions of dollars / in interest payable on the debt / incurred due to the going-private transaction.

> 非公開化するソーシャルメディア企業は，非公開化取引の結果とし

て負う負債に対して，数億ドルの利息を支払うことになろう。

---

saddle [sǽdl]

差（は），ドルで支払えと難民に困難な条件を負わせる

【他動】1.〔負担・責任などを〜に〕課す，負わせる，なすりつける；　2.〔動物に〕鞍をつける

【自動】鞍をおく

【名】〔乗馬用などの〕鞍，〔自転車などの〕サドル

---

265 clandestine

The clandestine business of migrant smuggling / has further increased / the risk of money laundering and terrorist financing due to the growing number of migrants.

移民密輸という秘密のビジネスが，移民の増加により，マネーロンダリングとテロ資金供与のリスクをさらに高めている。

---

clandestine [klændéstin]

空欄で，捨て印をくれとは，秘密の悪事のためか

【形】秘密の，秘密に行われる（している），内密の

---

migrant [máigrənt]【名】移民，〔経済的理由などによる〕移住者，季節（出稼ぎ）労働者

smuggle [smʌ́gl]【他動】〔〜を〕密輸（密輸入・密輸出）する

【自動】密輸（密輸入・密輸出）する

backtrack

The government <u>backtracked</u> on a critical part of its plan / that included widening its budget deficit, / as that plan triggered the sharp rise in yields on government bonds.

> 政府は，財政赤字の拡大を含む政府の計画が国債の利回りの急激な上昇を引き起こしたので，その計画の重要な部分を撤回した。

---

backtrack [bǽktræk]
「バック，トラクターはできない」との説明を撤回する

【自動】1.〔意見・約束などを〕撤回する； 2.〔来た時と〕同じ道を引き返す

---

267 **loom**

Threats to global crude supply, / which continues to lag behind rising demand, / <u>loomed</u> largely.

> 需要の増加に遅れをとっている世界の原油供給に対する脅威が，大きく迫ってきた。

loom [lú:m]

ルームシェア業界に<u>不気味に迫る</u>コロナによる不振の波

【自動】1.〔危険・期日などが〕不気味に迫る；　2. ぼん
　　　　やりと（ぬっと・不気味に）現れる，ぼうっと見
　　　　える，巨大な姿を現す，そびえ立つ
【名】ぼんやりと（ぬっと・不気味に）現れること

268 purview

The SEC's proposal for <u>greenhouse gas</u> <u>emissions</u> dis-
closures / would also impose a burden / on small firms
outside the regulator's <u>purview</u>.

温室効果ガス排出量の開示に関する SEC（証券取引委員会）の提案
は，規制当局（SEC）の管轄外の小規模企業にも負担を課すことに
なる。

purview [pə́:rvju:]

**パー！ビューティフルで<u>視界</u>が開けたグリーン上で選手が
歓喜**

【名】〔活動・権限・関与などの〕範囲，視野，視界

greenhouse gas 　温室効果ガス
emission [imíʃən]【名】〔光・熱・電子などの〕放射，発散，排出，
放出

269 | contrition

Those who irresponsibly sold financial products / were criticized for their past <u>greed</u> / and pressed to show <u>contrition</u> / for their part in the financial crisis.

無責任に金融商品を販売した人たちは，過去の貪欲さを批判されるとともに，金融危機における自分たちの役割についての悔恨を示すよう迫られた。

---

contrition [kəntríʃən]
勘と「利子4倍」につられて申し込んだ投資を悔恨する

【名】〔罪・非行などに対する〕悔恨，悔悛

---

greed [gríːd] 【名】欲張り，強欲，貪欲，食い意地，拝金主義

270 | proprietary

Attacks by hackers / continue to <u>cause</u> businesses to suffer losses / of <u>proprietary</u> data and customer information.

ハッカーによる攻撃が，企業に専有のデータや顧客情報の損失を被らせ続けている。

---

proprietary [prəpráiətèri]
プロ！プラ（製だと）言い当て！理由は私有の分析スタッフ

【形】1. 私有の，私立の；　2.〔製造・販売物が〕商標（特許）で守られた，商標登録された，独占所有権のある；　3. 所有者（権・物）の；　4.〔態度・感情などが〕独占的な

【名】1. 所有者，持ち主 ；　2. 所有権，独占所有物

cause [kɔ́z]【他動】〔～に …〕させる（cause ～ to do）

271 spree

Major crypto mining firms, / which went on a <u>buying
spree</u> of mining machines last year, / have been <u>wiped
out</u> this year / by the <u>plunge</u> in crypto prices and the
increase in electricity prices.

> 大手仮想通貨マイニング（採掘）企業は，昨年はマイニング機器の
> 買い漁りを続けていたが，暗号通貨価格の急落や電気料金の高騰に
> より，今年は一掃された。

spree [sprí:]
酢，プリーズ！と，ばか騒ぎ中は英語で大盛り上がり

【名】1. 盛んな活動，ばか騒ぎ，酒盛り，浮かれ騒ぎ ；
　　　2.〔欲望などに〕ふけること
【自動】浮かれる

buying spree 買いあさり，買いまくること，派手な買い物，
wipe out【句動】〔敵などを〕全滅（絶滅・壊滅・消滅・死滅・全
敗）させる
plunge [plʌ́ndʒ]【名】〔価格などの急な〕下落，低下

272 innocuous

Banks are preparing for the potential <u>havoc</u> / that a
seemingly <u>innocuous</u> <u>leap second</u> / could cause on
computer systems / if they aren't ready.

> 銀行は，一見無害な「うるう秒」が，準備が整っていない場合，コ

ンピューターシステムに引き起こす可能性のある大混乱に備えている。

---

innocuous [inάkjuəs]
胃の灸，明日とは急だが，「受付可能」と<u>無難な</u>回答

【形】1. 無害の，無毒の； 2.〔人の言動などが〕無害の，不快感を与えない，無難な； 3.〔話・本などが〕面白くない

---

havoc [hǽvək]【名】大破壊，大騒ぎ，大損害，大混乱，大惨事
leap [íːp]【名】跳躍，跳ぶこと
leap second うるう秒

| 273 | strain

As more people are returning to restaurants and other dining places, / distributors are facing / a lack of available workers, / which may be one of the biggest <u>strain</u> on the industry.

> より多くの人がレストランや他の飲食店に戻ってくるようになったので，流通業者は雇用できる労働者の不足に直面しており，それは最大級の業界の試練と言えるかもしれない。

---

strain [stréin]
スト，レインコートを着て社員の<u>負担</u>軽減を求めて参加

【名】1. 負担，重圧，試練； 2. ひずみ，変形，しわ寄せ； 3. ピンと張ること，緊張（感），精神的緊張
【他動】1.〔物を〕ひずませる，変形させる； 2.〔～に〕負担をかける

274 **nascent**

The recent layoffs in the renewable-energy industry /
are a correction for the <u>nascent</u> industry / after a wave
of <u>hype</u> prompted investors / to pour in money.

再生可能エネルギー業界における最近のレイオフは，過剰な宣伝の
波が投資家に資金を注ぎ込むよう促した後の，発生したばかりの業
界での修正である。

---

nascent [nǽsənt]
**成さんという決意無しに<u>発生しようとしている</u>チャンス
は掴めない**

【形】1. 発生（出現）しようとしている 発生しようとす
る； 2. 発生期の

---

hype [háip] 【名】誇大広告，誇大宣伝，刺激的な宣伝

275 **jostle**

Russia's invasion of Ukraine brought about / the rise of
the Global South / and a new order in international pol-
itics / in which the three major <u>powers</u> are jostling <u>for
position</u>.

ロシアのウクライナ侵攻は，グローバルサウスの台頭とともに，三
大国がしのぎを削る国際政治の新秩序をもたらした。

---

jostle [dʒásəl]
じゃ，去るね，と人と<u>ぶつかる</u>中を慌てて帰宅する

【自動】1. ぶつかる，押しやる； 2.〔人が〕押しのけて
進む； 3.〔混雑して〕押し合いへし合いする

【他動】1.〔人などに〕ぶつかる，押しやる；　2.〔人が肘などで道を〕押しのけて進む；　3.〔人と〕競う，張り合う

power [páuər]【名】権力者，有力者，大国
jostle for position 〔競争などで〕有利な地位を得ようと画策する

276 | duck

The new chief executive of the struggling financial insti-tution / disclosed details of his <u>turnaround</u> strategy / but has <u>ducked</u> an opportunity / to show how to solve its overstaffing.

経営不振に陥った金融機関の新最高経営責任者は，再建戦略の詳細を明らかにしたが，人員過剰を解決する方法を示す機会を逃した。

---

duck [dʌ́k]

濁流を避けるために大雨後は川辺のキャンプから即撤収

【他動】1.〔責任・仕事・攻撃などを〕避ける，かわす；
2.〔身を〕かがめる，〔頭を〕ひょいと下げる；
3.〔ひょいと水に〜を〕つける

【自動】1. ひょいと水に潜る；　2. ひょいと頭を引っ込める（下げる），ひょいとかがむ

【名】頭を下げる（身をかがめる）こと

---

turnaround [tə́:rnəràund]【名】〔劇的な〕改良，改善，〔販売などの〕好転

277 **flare-up**

The global economy's ability / to recover from a severe <u>contraction</u> / will depend on / whether authorities can <u>douse</u> pandemic <u>flare-ups</u>.

世界経済が深刻な縮小から回復できるかどうかは, 当局がパンデミックの再燃を落ち着かせられるかどうかにかかっている。

---

flare-up [flέərʌ́p]
振れ！ああプロになったら, 見逃し三振病が突然の再発

【名】1.〔問題などの〕急激な再燃,〔病気などの〕突然の再発； 2. 燃え上がり, 閃光； 3. 激発, 突発, カッと怒ること

---

contraction [kəntrǽkʃən]【名】収縮, 短縮, 縮小
douse [dáus]【他動】〔炎上している状況を〕沈静化する

278 **assuage**

A major telecommunication company tried to <u>assuage</u> employees' concerns / about its financial health / by sending a memo to them.

ある大手通信会社は, 従業員にメモを送ることで, 財務状況に関する従業員の懸念を和らげようとした。

---

assuage [əswéidʒ]
明日, 英字新聞の読み方を教えて学生の不安を和らげる

【他動】1.〔苦痛・不安などを〕和らげる, 緩和させる； 2.〔欲求, 飢えや乾きなどを〕癒す, 満たす； 3.〔不安定なものを〕落ち着かせる, 鎮める

279 | hatred

France has empowered regulators / to impose hefty fines on social media companies / that fail to remove hate-speech posts / such as incitement to racial hatred or anti-Semitism.

> フランスは規制当局に，人種的憎悪や反ユダヤ主義を扇動するようなヘイトスピーチの投稿を削除しないソーシャルメディア企業に，多額の罰金を課す権限を与えた。

---

hatred [héitrid]

兵通れ！道路を仕切る侵略軍に市民の憎悪は増加

【名】憎しみ，憎悪（感），恨み，嫌悪，毛嫌い

---

empower [empáuər]【他動】〔～に〕権利（能力）を与える，権限を持たせる

hefty [héfti]【形】〔量・金額が〕かなりの，高額の，べらぼうに高い

incitement [insáitmənt]【名】刺激，鼓舞，扇動，誘因，動機

anti-Semitism 反ユダヤ主義

280 | vocal

The Senate confirmed Lina Khan, / a vocal critic of big tech companies, / for a seat on the Federal Trade Commission.

> 上院は，大手テクノロジー企業を声高に非難しているリナ・カーンの連邦取引委員会委員への就任を承認した。

vocal [vóukəl]

棒，軽いと販売員は主張するが本当は重い麺打ち棒

【形】1.〔権利などを〕主張する，うるさく求める；
　　2.〔人間の〕声の，声に関する；　3. 話された，口
　　頭の

confirm [kənfə́:rm]【他動】追認する，承認する，正式に発表する

critic [krítik]【名】〔人・組織・計画などを〕批判する人，あらさが
　しをする人

seat [síːt]【名】議席，議員の地位（ここでは，委員）

【米国の行政府—独立機関（1）】

　行政各省に属さないため，独立機関（Independent
Agencies）と呼ばれる多くの機関が，連邦政府の運営に重
要な役割を果たしています。独立機関の性質と目的は多種
多様で，監督権限を持つものもあれば，連邦政府に特定の
業務を提供するものもあります。独立機関には，映画やド
ラマなどでおなじみの中央情報局（Central Intelligence
Agency (CIA)）の他，【米国の金融制度（1）】で説明して
いる連邦準備制度理事会や連邦取引委員会，証券取引委員
会が含まれます。

　連邦取引委員会（Federal Trade Commission (FTC)）
のミッションは，「正当なビジネス活動に過度の負担をかけ
ることなく，法の執行，擁護，教育を通じて，反競争的，
不正な，不公正なビジネス慣行を防止することにより，消
費者と競争を保護すること」です。FTC は，反トラスト法
（antitrust laws）が守られているかを監視する独立性の高

い機関で，不公正競争の防止，反トラスト法違反の審査・審判，消費者保護などを担当しています。FTC は買収・合併の審査なども行い，違反行為の疑いがある場合は，自ら審査し，審判手続きを経て，排除措置を命ずることができるほか，司法権の発動を要請できます。2021 年には，大手テクノロジー企業への批判で知られたコロンビア大学准教授だったリナ・カーン氏が委員長に就任しました。

(1) 見出し語番号　　(2) 見出し語
(3) 見出し語の（連想（語呂合わせ）文での）意味　　(4) 連想（語呂合わせ）文

(1)	(2)	(3)	(4)
241	bruise	傷つけた	（気分は）ブルー！随分前に高額商品を傷つけたことを思い出す
242	scrutiny	監視	スクリュー，他に比較し重要なので工場の監視を強化
243	ricochet	跳ね飛ぶ	理科，市営プールの水面を石が跳ね飛ぶ実験が人気
244	heap	積み上げる	火！プロパンガスにも引火し被害を積み上げる
245	cowardice	憶病	川で椅子，虫嫌いで地面に座りたくない憶病な友人の発想
246	lethal	多大な損害	利（利益），去る，そして多大な損害に終わった投資話
247	onerous	厄介な	（この部品の）穴，ラストまであけるのは熟練者でも厄介な仕事
248	seditious	扇動的な	支持者，直ぐにでも扇動的な行動が必要と気勢を上げる
249	aberration	逸脱	あ！ベレー（帽）！しょんぼりしすぎで式での脱帽の常識から逸脱
250	curb	抑える	カーブは肘への負担大と投球数を抑えるベテラン投手
251	hoard	買いだめする	報道通りならトイペ不足は必至と買いだめする
252	extort	強要する	行く！スト！止めるなら金を払えと強要する

253	slap	科す	スラ！プリンで痩せる！は誇大広告，罰金を<u>科す</u>べき！
254	edict	指示	いい塾，遠いからと，両親の<u>指示</u>で近場の塾に通う
255	rebuke	強く非難する	レビュー，苦し紛れの内容を上司が<u>強く非難する</u>
256	poach	引き抜く	ポーチドエッグが食べられると他店の店員を<u>引き抜く</u>
257	frenzy	狂乱	（打席でバットを）振れん自分に苛立つ四番打者がベンチ裏で<u>狂乱</u>
258	tout	褒めちぎる	田，疎んじつつ土地売却目的で稲作を<u>褒めちぎる</u>隣の農家
259	flip	ひっくり返す	不利，プラント建設計画を<u>ひっくり返す</u>ほどの事故で販売遅延
260	parch	干上がらせている	パー，チャンス！干ばつがグリーン横の池を<u>干上がらせている</u>
261	wean	引き離す	ウイーンに留学させたのは恋人から<u>引き離す</u>ため
262	trove	貴重な収集品	徒労！文化財になる<u>貴重な収集品</u>ではなく，ただのゴミ
263	tenet	信条	手，ねっとりしても「朝食は納豆巻き」が健康維持の<u>信条</u>
264	saddle	負わせる	差（は），ドルで支払えと難民に困難な条件を<u>負わせる</u>
265	clandestine	秘密の	空欄で，捨て印をくれとは，<u>秘密の</u>悪事のためか
266	backtrack	撤回する	「バック，トラクターはできない」との説明を<u>撤回する</u>

267	loom	不気味に迫る	ルームシェア業界に<u>不気味に迫る</u>コロナによる不振の波
268	purview	視界	パー！ビューティフルで<u>視界</u>が開けたグリーン上で選手が歓喜
269	contrition	悔恨	勘と「利子4倍」につられて申し込んだ投資を<u>悔恨</u>する
270	proprietary	私有の	プロ！プラ（製だと）言い当て！理由は<u>私有の</u>分析スタッフ
271	spree	ばか騒ぎ	酢，プリーズ！と，<u>ばか騒ぎ</u>中は英語で大盛り上がり
272	innocuous	無難な	胃の灸，明日とは急だが，「受付可能」と<u>無難な</u>回答
273	strain	負担	スト，レインコートを着て社員の<u>負担</u>軽減を求めて参加
274	nascent	発生しようしている	成さんという決意無しに<u>発生しようとしている</u>チャンスは掴めない
275	jostle	ぶつかる	じゃ，去るね，と人と<u>ぶつかる</u>中を慌てて帰宅する
276	duck	避ける	濁流を<u>避ける</u>ために大雨後は川辺のキャンプから即撤収
277	flare-up	突然の再発	振れ！ああプロになったら，見逃し三振病が<u>突然の再発</u>
278	assuage	和らげる	明日，英字新聞の読み方を教えて学生の不安を<u>和らげる</u>
279	hatred	憎悪	兵通れ！道路を仕切る侵略軍に市民の<u>憎悪</u>は増加
280	vocal	主張する	棒，軽いと販売員は<u>主張する</u>が本当は重い麺打ち棒

281 **inhibit**

Some critics say Amazon will continue to <u>inhibit</u> competition / unless it effectively <u>splits</u> into two companies.

> 一部の批評家は，アマゾン社は会社を実質的に 2 つの会社に分割しなければ，競争を阻害し続けるだろうと主張している。

---

inhibit [inhíbit]

印（印鑑），日々，トップが押すのを<u>抑制する</u>規則に変更

【他動】1.〔〜の成長や発達などを〕抑止（抑制）する；
　　　 2.〔人が〜しようとするのを〕妨げる，阻止（禁止）する

---

split [splít]【自動】〔物が〕割れて 2 つに分かれる，裂ける，ばらばらになる【他動】分割する，分ける

282 **reckon**

Some private holders of Greek government bonds <u>reckon</u> / Greece's government debt will increase / even after the <u>bailout</u>.

> ギリシャ国債の民間保有者の中には，ギリシャの政府債務は支援後も増加するとみているものもいる。

---

reckon [rékn]

離婚調停中の相談者の費用を<u>計算する</u>弁護士

【他動】1.〔〜を〕数える，〔〜を〕計算する；　2.〔人や物を〜と〕見なす，考える，判断する；　3.〔〜を〕推測する，〔〜と〕概算する；　4.〔人や物を〜に〕含める，加える

bailout [béiláut]【名】〔資金不足の人や組織に対する〕緊急（経済）援助，救済措置

283 vindicate

The central bank's expectation / that economic growth will exceed the previous year / appeared to <u>vindicate</u> the government's decision / not to take stringent <u>measures</u> to <u>contain</u> the spread of coronavirus.

> 経済成長が前年を上回るという中央銀行の予想は，新型コロナウイルスの蔓延を封じ込めるための厳格な措置を課さないという政府の決定を，正当化するように見えた。

---

vindicate [víndikèit]
瓶，自警と観賞のためと多数の空瓶の存在を正当化する

【他動】1.〔～の〕正当性を示す，〔～を〕正当化する；
2.〔疑念を〕晴らす，〔無実を〕証明する，〔汚名を〕そそぐ； 3.〔権利などを〕支持する，守る

---

measure [méʒər]【名】対策，処置，方法，方策
contain [kəntéin]【他動】〔敵などを〕封じ込める，阻止する，食い止める

284 fissure

A new tour of golf events backed by a foreign government, / which has been accused of using the popular sport to <u>repair</u> the country's reputation, / has created a <u>fissure</u> in professional golf.

> 外国政府が後援するゴルフイベントの新たなツアーは，国の評判を

修復するために人気スポーツを利用していると非難されており，プロゴルフに亀裂を生じさせている。

---

fissure [fíʃər]

必修ありきと選択のみとで教員の意見が分裂

【名】1.〔長く幅の狭い〕亀裂，裂け目，割れ目，ひび；
2.〔意見などの〕分裂

---

repair [ripér]【他動】〔～を〕直す，〔～を〕修理（修繕）する，〔～を〕回復する

285 turmoil

The <u>strain</u> on supply chains / caused by the COVID-19 pandemic / made it clear / which companies are well-positioned to manage the <u>turmoil</u>.

新型コロナウイルスの大流行によるサプライチェーンのゆがみが，どの企業が混乱にうまく対処する状態にあるかを明らかにした。

---

turmoil [tɔ́ːrmɔil]

タモ（網）要るが入手困難，トンボ大発生でメーカー混乱

【名】騒ぎ，騒動，混乱，不安，動揺

---

strain [stréin]【名】ひずみ，変形，しわ寄せ

286 prone

Global <u>policymakers</u> concluded / that the London Inter-bank Offered Rate, or Libor, / was <u>prone</u> to market <u>manipulation</u> / and decided to scrap it.

> 世界の政策立案者は，ロンドン銀行間取引金利（Libor）は相場操縦されやすいと判断し，廃止を決定した。

---

prone [próun]
プロ，運より努力が勝利に不可欠と信じる傾向がある
【形】1. ～しがちな，～する傾向がある，～の傾向がある，～のくせがある；　2. うつぶせの，うつむきの

---

policymaker [pálisimeikər]【名】政策立案者，為政者
manipulation [mənìpjəléiʃən]【名】〔相場や人心などの〕操縦，操作

287 ruthless

Telecommunications regulators feel / that social-network operators should do more / to <u>detect</u> <u>fraudulent</u> ads from their sites / so that consumers do not fall victim to <u>ruthless</u> <u>scammers</u>.

> 通信規制当局は，消費者が冷酷な詐欺師の犠牲にならないよう，ソーシャルネットワーク運営会社は自社サイトから詐欺的な広告を検出するためにもっと努力するべきだ，と考えている。

---

ruthless [rú:θləs]
（カレーの）ルー，スレスレで<u>冷酷な</u>審査員が入賞認めず
【形】無慈悲な，非情な，冷酷な，無情な，断固とした

---

detect [ditékt]【他動】〔隠れているもの・病気など〕を見つけ出す，探知する〔存在などに〕気付く

fraudulent [frɔ́dʒələnt / frɔ́djulənt]【形】〔行為や金などが〕詐欺的な，不正な，詐取した

scammer [skǽmər]【名】詐欺師

288 avert

The largest railway company was pleased to <u>avert</u> a <u>work stoppage</u> / by reaching a <u>tentative</u> labor agreement / with union leaders.

> 最大手の鉄道会社は，労働組合幹部と暫定的な労働協約を締結することにより，ストライキを回避できたことを喜んだ。

---

avert [əvə́:rt]

あ！バー（酒場）と友人が叫ぶも泥酔を<u>避ける</u>ため素通り

【他動】1.〔危険・事故などを〕避ける，防ぐ，回避する； 2.〔目・考えを〕そらす，背ける； 3.〔考えを〕転じる

---

work stoppage〔労働者の〕ストライキ

tentative [téntətiv]【形】〔取り決め・結論などが〕仮の，暫時の，暫定的な，試みの，試験的な

289 hatch

Hundreds of members of criminal networks were <u>tricked into</u> using an <u>encrypted</u> communications platform / secretly operated by the FBI / to <u>hatch</u> illegal schemes.

> 数百人の犯罪ネットワークメンバーが，違法な計画を立てるために

FBI（連邦捜査局）が密かに運営する暗号化された通信プラットフォームを利用するよう騙された。

---

hatch [hǽtʃ]

蜂を育てる環境整備のために養蜂家が計画を<u>立てる</u>

【他動】1.〔計画などを〕（ひそかに）立てる；　2.〔鳥が卵からひなを〕かえす；　3.〔～を〕生み出す

---

trick someone into　（人）をだまして（うまく言いくるめて・言葉巧みに操って）～させる

encrypt [enkrípt]【他動】暗号化する

290　chide

Some foreign governments <u>chided</u> Japan / for overreliance on monetary policy / while <u>overlooking</u> its side effects.

一部の外国政府は，金融政策に過度に依存し，その副作用を見過ごしていると日本を非難した。

---

chide [tʃáid]

茶，移動中に飲むなと弟子に<u>小言を言う</u>

【他動】〔人を〕叱る，たしなめる，〔悪い言動をした人に〕小言を言う
【自動】叱る，たしなめる

---

overlook [òuvərlúk]【他動】〔欠点・失敗などを〕見過ごす，大目に見る，見て見ぬふりをする，見逃す

291 | skirmish

A high-profile investor's <u>skirmish</u> with the SEC began / when he got into trouble for a statement / that regulators deemed misleading.

> 著名投資家と SEC（証券取引委員会）のいざこざは, 規制当局（SEC）が誤解を招くとみなした発言でトラブルになった時に始まった。

---

skirmish [skə́:rmiʃ]

酢か？ミシュラン星付シェフ同士が意見相違で<u>いざこざ</u>

【名】1. 小衝突，小戦闘，短い戦い；　2. 小競り合い，いざこざ；　3.〔政治的論争の〕激しい応酬

---

292 | arbitrate

Attempts to quantify / which countries are benefiting or losing the most through trade / would help policymakers <u>arbitrate</u> trade-related <u>disputes</u>.

> どの国が貿易によって最も利益を得ているか, あるいは失っているかを数値化する試みは, 政策立案者が貿易関連の紛争を仲裁するのに役立つだろう。

---

arbitrate [áːrbitrèit]

ああ！美と礼とを守るために芸術家達を<u>仲裁する</u>

【他動】1.〔争いなどを〕解決する，仲裁する；　2.〔争いなどを〕調停に持ち込む（委ねる）

【自動】1. 仲裁者として問題を解決する；　2. 問題を調停に委ねる

---

dispute [dispjúːt]【名】不和，紛争

293 astray

While the financial system <u>went astray</u>, / massive losses of investor were caused / not only by fraud but also by their own mistakes.

> 金融システムが堕落していた中で，投資家の巨額の損失は，詐欺だけでなく，投資家自身の過ちによりもたらされた。

---

astray [əstréi]

明日，通れ！いきなり言われ，道に迷った旅人は困惑

【副】1. 道に迷って，道を間違えて，方向を見失って；
2.〔人間として進むべき〕道を外れて

---

go astray　正道を踏み外す，堕落する，邪道に陥る

294 alias

The Federal Bureau of Investigation appears to use several online <u>aliases</u> / to <u>penetrate</u> terror groups over computers and phones / in its counterterrorism efforts.

> 連邦捜査局（FBI）は，テロ対策の取り組みでコンピューターや電話を介してテログループに入り込むために，複数のオンライン上の偽名を使用しているようだ。

---

alias [éiliəs]

絵入り（の）明日のロケ地の説明書は偽物，作者も偽名

【名】〔特に犯罪者の〕別名，仮名，偽名

【前】〔主に新聞で〕別名は〜，またの名は〜

penetrate [pénitrèit]【他動】〔組織などに〕潜入する，入り込む

295 **quorum**

Republicans didn't attend the Senate Banking Committee vote, / depriving Democrats of a quorum / needed to advance the President's nominees for the Federal Reserve Board.

> 共和党議員は上院銀行委員会の投票に出席せず，大統領が指名した連邦準備制度理事会の候補者の承認を進めるのに必要な定足数を民主党から奪った。

quorum [kwɔ́rəm]
食おう，ラム肉，議決に必要な定足数の議員が集まるまで

【名】1.〔会議の〕定足数；　2. えり抜きの集団，選抜されたグループ

deprive [dipráiv]【他動】奪う，奪い去る，取り上げる，剥奪する

296 admonish

Some developed countries <u>admonish</u> developing ones /
to use <u>renewable energy</u>, / while reopening coal power
plants / or <u>entreating</u> Arab nations to expand oil pro-
duction.

> 先進国の一部は発展途上国に再生可能エネルギーの使用を勧めなが
> ら，石炭火力発電所を再開したり，アラブ諸国に石油生産の拡大を
> 懇願したりしている。

---

admonish [ædmániʃ]

**「あ，どうも」に終始せず，誠意ある<u>忠告をする</u>のが友人
の役目**

【他動】1.〔人に〜するように〕勧告（忠告・警告）す
る；　2.〔悪い事をした人を〕叱る；　3.〔人に〕
諭す，戒める，訓戒する

---

renewable energy　再生可能エネルギー
entreat [entrít／intrít]【他動】〔〜に〕懇願する，切望する，求め
る

297 douse

Many economists and critics believe / interest rates
need to be raised / to <u>douse</u> historically high inflation /
and curb excess demand.

> 多くの経済学者や評論家は，歴史的に高いインフレを鎮静化させ，
> 過剰な需要を抑制するには，金利を引き上げる必要があると考えて
> いる。

> **douse** [dáus]
>
> **ダウ，すごい勢いの値下がりは主要統計発表で沈静化する**
>
> 【他動】1.〔炎上している状況を〕沈静化する； 2.〔水
> などを~に〕浴びせる，ぶっかける，〔水の中に~
> を〕突っ込む； 3.〔明かりを〕消す

298 | wrangle

Some central banks in developed economies may quickly <u>wrangle</u> / upward pressure on prices, / despite initial delay / in addressing inflation.

先進国の一部の中央銀行は，インフレへの対応が当初遅れたにもかかわらず，物価上昇圧力を急速に押さえつける可能性がある。

> **wrangle** [ræŋgl]
>
> **蘭，グループリーダーへのお祝いにと周りを説き伏せる**
>
> 【他動】1.〔人を〕説き伏せる； 2.〔~について〕口論
> （論争）する； 3.〔牛・馬などの〕番（世話）を
> する； 4.〔家畜・ニュースなどを〕集める
> 【自動】〔激しく〕口論（論争）する
> 【名】〔激しい〕口論，論争

299 | lurk

Sudden <u>turmoil</u> in British bond and currency markets / has revealed potential risks <u>lurking</u> in pensions, / which were relatively unaffected in past financial flare-ups.

英国の債券市場や為替市場の突然の混乱は，過去の金融危機では比較的影響を受けなかった年金に潜む潜在的なリスクを明らかにした。

---

lurk [lə́ːrk]

楽な姿勢で敵に気づかれずにいるのが尾行の鉄則

【自動】1. 気付かれずにいる，潜在する； 2.〔悪いことをしようとして・人の様子をうかがうために〕潜伏する，待ち伏せする，隠れて待つ； 3. コソコソ動く，人目を避けて行動する

---

turmoil [tə́ːrmɔil]【名】騒ぎ，騒動，混乱，不安，動揺

300 watchdog

The U.S. <u>audit</u> <u>watchdog</u> is expected to increase <u>transparency</u> around inspections / under its new <u>leadership</u>.

米国の会計監査監視機関は，新しいリーダーの下で，検査に関する透明性を高めることが期待されている。

（補足）the U.S. audit watchdog は，ここでは米国証券取引委員会を指す。

---

watchdog [wɑtʃdɔ̀ɡ / wɔtʃdɔ̀ɡ]

ウオッチ！土偶だ！と古墳調査の監視機関職員が叫ぶ

【名】番犬，番人，お目付け役，監視人，監視機関（機構）

---

audit [ɔ́dit]【名】会計検査（報告書），監査（報告書）

transparency [trænspérənsi / trænspǽrənsi]【名】透明（度），透明性

leadership [líːdərʃip]【名】リーダー，指導者，指導者の地位（職務）

【米国の行政府─独立機関 (2)】

　独立機関の1つの証券取引委員会（Securities and Exchange Commission (SEC)）は，株式や債券を購入する投資家を保護するために設立されたもので，そのミッションは「投資家を保護し，公平で秩序ある効率的な市場（fair, orderly, and efficient markets）を維持し，資本形成を促進する」ことです。資金調達のために自社の有価証券を販売する企業は，自社の事業に関する報告書を SEC に提出するとともに，投資家が重要な情報をすべて入手できるようにすることが義務付けられています。

　SEC は証券取引を規制する権限に加え，有価証券の販売における不正行為を防止し罰する権限が与えられており，司法に準じる強力な権限を持った機関です。また，SEC に提出するアニュアルレポートに開示すべき具体的な項目や様式やは，SEC のルールで定められるので，SEC は情報開示（disclosure of information）についても大きな影響力を持っています。SEC ルールでアニュアルレポート内での開示が求められていた事項が，その後，日本の有価証券報告書等でも開示を求められるということがあるので，SEC の情報開示に係る動きは，米国外でも注目を集めるところです。

301 | arbiter

A U.S. District Court judge appointed an outside <u>arbiter</u> / to review documents / the FBI <u>seized</u> from the former president's home.

> 米国地方裁判所判事は，FBI（連邦捜査局）が元大統領の自宅から押収した文書を審査する外部裁定者を任命した。

---

arbiter [ɑ́rbətər]

あ〜！バターある！在庫無と言った問屋を責める<u>調停者</u>

【名】1.〔正式に任命された〕調停者，裁定人（者）；
　　　2. 権威者，決定者

---

seize [síːz]【他動】〔〜を〕取り上げる，押収する，没収する

302 | clemency

The U.S. government's <u>clemency</u> / towards the biggest Chinese telecom-equipment maker / is an example of the current administration's <u>willingness</u> / to use the law as a weapon in trade negotiations.

> 中国の通信機器メーカー最大手に対する米国政府の寛容（寛大）な処置（制裁緩和）は，現政権が貿易交渉で法律を武器として使用する意欲の一例である。

clemency [klémənsi]

暮れ，麺，知られずに親子に届ける蕎麦屋の寛容な処置

（店内を羨ましそうに度々見ていた親子への蕎麦屋の計らい）

【名】1.〔権力者の〕寛容（寛大）な処置；　2. 寛容，慈悲；　3.〔天候の〕温暖さ，温和さ

willingness [wíliŋnis] 【名】意欲，いとわずにすること，快く〜すること，やる気

303 shun

Investors began to <u>shun</u> riskier assets this week / following last week's plunge / in the price of the <u>volatile</u> <u>cryptocurrencies</u>.

価格の変動の激しい暗号通貨の価格が先週，急落したのを受けて，投資家は今週，よりリスクの高い資産を避け始めた。

shun [ʃʌn]

シャンパン飲むのは目標達成まで避ける

【他動】〔日常的に人・物・行動などを〕避ける，遠ざける，回避する

volatile [válətəl] 【形】〔価格が〕変動しやすい，上下する
cryptocurrency [kríptoukÀrənsi] 【名】暗号通貨

304 | dub

An inter-agency task force <u>dubbed</u> Task Force <u>Klepto-Capture</u> was formed / to enforce sanctions and other economic <u>countermeasures</u> / against Russia.

> 「タスクフォース・クレプトキャプチャー」と名付けられた省庁横断タスクフォースが，ロシアに対する制裁やその他の経済対策を実施するために結成された。

---

dub [dʌ́b]

ダブルスで初の全国大会！ペアに<u>ニックネームを付ける</u>

【他動】1.〔人にニックネームを〕付ける，〔人をニックネームで〕呼ぶ；　2.〔映画フィルムなどの言語を〕吹き替える；　3.〔音楽テープなどを〕ダビングする

---

klepto = **kleptomaniac** [klèptəméiniæk]【名】窃盗癖のある人，盗癖者

countermeasure【名】〔危険・脅威などへの〕対抗策（手段・措置）

305 | uproar

Recent price increases for beverages and food / by major coffee chains / <u>sparked</u> an online <u>uproar</u>.

> 大手コーヒーチェーンによる最近の飲料や食品の値上げが，ネット上で騒動を引き起こした。

uproar [ʌ́prɔ̀r]

「あ！プロ！」アマチュア大会の視察中に見つかり<u>大騒ぎ</u>

【名】わめき叫ぶ声，騒ぎ，騒動，混乱，騒音

spark [spάrk]【他動】引き起こす，〔～の〕火付け役となる，〔～の〕口火を切る

306 flounder

Big-box stores / are grabbing customers from flounder-ing competitors / such as department stores / that have fallen behind in e-commerce capabilities.

> 大規模小売店は，電子商取引能力で後れをとった百貨店などの低迷している競合他社から，顧客を奪っている。

flounder [fláundər]

（めまいで）フラ！運試しで買った株の成績が<u>低迷する</u>

【自動】1.〔景気などが〕低迷する，不振になる，〔物事が〕困難に直面している；　2.〔水・泥などの中で〕もがく，じたばたする；　3.〔混乱して〕もがき苦しむ，何とか進む

big-box store 〔郊外型の〕大規模小売店
grab [grǽb]【他動】ひったくる，横取りする
fall behind 〔競争相手に〕後れを取る，後塵を拝す

307 gobble

Some foreign auto companies gobbled up market share / by focusing on better anticipating the demand from U.S. car buyers.

> 一部の海外の自動車会社は，米国の自動車購入者の需要（要望）を より的確に予測することに注力し，市場シェアを奪い取った。

---

gobble [gábəl]

ゴー！バル！大酒後はしめのカレーをガツガツ食べる

【他動】ガツガツ食べる，貪り食う，飲み込む

---

308 disdain

Some politicians with extreme views thought / their sharp criticism of the news media / was good for them, / given their supporters' disdain for the press.

> 一部の極端な考えを持つ政治家は，彼らの支持者のマスコミ蔑視を 考えると，報道機関を鋭く批判することが政治的に自分達にとって 良いことだと考えた。

---

disdain [disdéin]

（インターンからの）「辞す！」でインターンへの蔑視に気 付く

【名】蔑視，見下すこと
【他動】1.〔～を〕軽蔑する，〔～を〕見下す；　2.〔見下 して～を〕退ける，拒絶する

---

mire

A large <u>contract</u> / <u>awarded</u> to a start-up electric-vehicle company / has been <u>mired</u> in <u>litigation</u> / from a major traditional automaker.

> 新興の電気自動車会社に発注された大型契約は，大手の伝統的自動車メーカーからの訴訟に巻き込まれている。

---

mire [máiər]

舞い上がったままの態度が，逆に窮地に陥らせる

【他動】1. 窮地（苦境）に陥らせる；　2. 沼地（ぬかるみ）に落ち込ませる，泥で汚す

【自動】1. 窮地（苦境）に陥る；　2. 沼地（ぬかるみ）にはまる

【名】1. 窮地，苦境；　2. 泥，ぬかるみ

---

award a contract 契約を授与する，契約を発注する
litigation [lìtəɡéiʃən] 【名】訴訟，起訴

---

groom

Many legendary CEOs <u>diligently</u> <u>groomed</u> their successors / who could <u>take over</u> while they were still there / and preserve the legacy of the business.

> 多くの伝説的な CEO が，自分がまだいる間に引き継げて，ビジネスのレガシーを維持できる後継者を熱心に育てた。

---

groom [grúm]

グル（指導者）生むように熱心に部下を訓練・教育する

【他動】1.〔ある職業・任務などに人を〕教育する，訓練

する，育てる，仕込む； 2.〔～を〕きれいにする，きれいに整える，手入れする，調整する，仕立てる

【名】1. 馬手，きゅう務員； 2. 花婿，新郎

diligently [dílidʒəntli]【副】熱心に，勤勉に，念入りに，コツコツと

take over【句自動】〔義務や責任などを〕引き継ぐ，引き受ける

311 | warrant

French <u>prosecutors</u> issued international <u>arrest</u> <u>warrants</u> / for the former chairman of a major Japanese company / who fled Japan.

> フランスの検察は，日本から逃亡した大手日本企業の元会長に，国際逮捕令状を発行した。

---

warrant [wɔ́rənt]

（国民を 2 つに）割らんとする偽情報発信者に捜査令状

【名】1.〔逮捕や捜索などの〕令状； 2.〔権威者からの〕認可，許可，認証； 3. 認可書，許可証，認証状

---

prosecutor [prásəkjùtər]【名】検察官，検事
arrest [ərést]【名】〔容疑者・犯人などの〕逮捕

312 | binge

After <u>bingeing on</u> goods earlier in the COVID-19 pandemic, / consumers are starting to <u>feel tired of</u> buying goods.

新型コロナウイルスの大流行の初期に買い物にふけった後，消費者は商品の購入にうんざりし始めている。

---

binge [bíndʒ]

瓶，自分達での片付けが友人宅で飲食にふける時の約束

【自動】1.〔楽しいことに〕熱中する，ふける；　2. 大酒を飲む，飲み騒ぐ，どんちゃん騒ぎをする，ばか食いする

【名】〔酒を飲んでの〕大騒ぎ；したい放題

---

binge on　〔飲食など〕を過度にする
feel tired of　～に飽き飽きする，～に飽きてしまう，～に飽きる

313 | **budge**

Although the White House wanted some oil-producing countries to <u>pump</u> more oil, / most of them have not <u>budged</u>.

ホワイトハウスは一部の産油国に石油を増産することを望んでいたが，大半の国は態度を変えていない。

---

budge [bʌdʒ]

馬耳東風，説得後も変えることのない山林への投資

【自動】1. 意見（態度）を変える；　2. ちょっと動く，身動きする

---

pump [pʌmp]【他動】1.〔～を〕ポンプでくみ上げる；　2.〔～を〕大量に供給（投入）する

314 | inclement

Both inclement weather and supply chain constraints / have complicated the delivery of commodities in some areas.

> 悪天候とサプライチェーンの制約が，一部の地域での日用品の配送を困難にしている。

---

inclement [inklémənt]

印くれ！麺と野菜を仕入れて，荒れ模様の天候に備える

【形】1.〔天候が〕荒れ模様の；　2. 無情な，冷酷な，厳しい

---

constraint [kənstréint]【名】制約，制限（事項），抑制
complicate [kámpləkèit]【他動】〔～を〕複雑にする，困難にする，込み入らせる

315 | predominant

The predominant view among market participants / appears to be that introducing asset sales only complicates the path.

> 市場参加者の間での優勢な見方は，資産売却の導入は道筋を複雑にするだけだということのようだ。

---

predominant [pridámənənt]

プレー，どう？皆と優勢な試合展開の要因を議論

【形】1.〔勢力や影響力などが他よりも〕優勢な，有力な，卓越した，支配的な；　2. 顕著な，主たる

---

path [pǽθ] 【名】〔人が取るべき〕道筋，方向，生き方

316 axiom

Don't put all your eggs in one basket. This is a tradi-
tional <u>axiom</u> / that conveys the need for good balance
and <u>diversification</u> / when investing money.

> すべての卵を1つのバスケットに入れるな。これは，お金を投資す
> る際に良いバランスと分散の必要性を伝える伝統的な金言である。

---

axiom [ǽksiəm]
「握手を無駄にするな」は信頼関係にかかわる<u>金言</u>

【名】1. 格言，金言； 2.〔広く認められている〕原理，
自明の理，確立された原則

---

diversification [dəvə̀:rsəfikéiʃən] 【名】多様化，多様性，〔投資
の〕分散

317 candor

<u>Radical</u> <u>candor</u> and <u>transparency</u> are encouraged / at a
video production company / that wants to maintain a
unique corporate culture.

> 独自の企業文化を維持したいと考えているビデオ制作会社では，徹
> 底的な率直さと透明性が奨励されている。

---

candor [kǽndər]
勘だけど担当スカウトの<u>率直さ</u>，<u>公正さ</u>は信頼できる

【名】1.〔意見などの〕率直さ，正直さ，誠実さ； 2. 公

正さ，公平

radical [rǽdikəl]【形】根本的な，徹底的な，本来の，抜本的な
transparency [trænspérənsi / trænspǽrənsi]【名】透明（度），透明性

318 crest

Regulatory attention increased / as a result of the special purpose acquisition companies (SPAC) <u>craze</u> / that <u>crested</u> last year.

> 規制当局の関心が，昨年最高潮に達した特別目的買収会社 (SPAC) の流行の結果，高まった。

---

crest [krést]

暮れ（に），ストーブの売り上げは毎年頂点に達する

【自動】1. 頂点（最高水位（点））に達する；　2.〔波が〕うねり立つ

【他動】〔～の〕頂上（頂点）に達する

【名】1. 山頂，波頭，〔川の〕最高水位（点）；　2. とさか，たてがみ；　3.〔封印・便箋などの〕紋章

---

craze [kréiz]【名】〔一時的で熱狂的な〕流行，はやり

319 decipher

To <u>decipher</u> the effect of Brexit on trade, / it is necessary to consider the impact of the COVID-19 pandemic / on the broader economy.

> ブレグジット（英国の EU 離脱）が貿易に与える影響を読み解くには，

新型コロナウイルスの大流行の広範な経済に対する影響を考慮する
必要がある。

---

decipher [disáifər]

実際，ファンの心理を読み解くのは難しい

【他動】 1.〔判読が難しいものを〕読み解く，解釈する；
2.〔暗号を〕解読する，平文に直す

---

320 | dissect

Securities analysts <u>dissect</u> financial reports / published
by companies.

証券アナリストは，企業が発行する財務報告書を詳細に分析する。

---

dissect [disékt]

**辞意急（せ）くと詳細に分析するためのデータを消され
るかも**

【他動】 1.〔〜を〕詳細に分析（調査・検討）する；
2.〔研究などのために動植物・人体などを〕解剖
する，切開する，切断する

---

(1) 見出し語番号　　(2) 見出し語
(3) 見出し語の (連想 (語呂合わせ) 文での) 意味　　(4) 連想 (語呂合わせ) 文

(1)	(2)	(3)	(4)
281	inhibit	抑制する	印（印鑑），日々，トップが押すのを<u>抑制する</u>規則に変更
282	reckon	計算する	離婚調停中の相談者の費用を<u>計算する</u>弁護士
283	vindicate	正当化する	瓶，自警と観賞のためと多数の空瓶の存在を<u>正当化する</u>
284	fissure	分裂	必修ありきと選択のみとで教員の意見が<u>分裂</u>
285	turmoil	混乱	タモ（網）要るが入手困難，トンボ大発生でメーカー<u>混乱</u>
286	prone	傾向がある	プロ，運より努力が勝利に不可欠と信じる<u>傾向がある</u>
287	ruthless	冷酷な	（カレーの）ルー，スレスレで<u>冷酷な</u>審査員が入賞認めず
288	avert	避ける	あ！バー（酒場）と友人が叫ぶも泥酔を<u>避ける</u>ため素通り
289	hatch	立てる	蜂を育てる環境整備のために養蜂家が計画を<u>立てる</u>
290	chide	小言を言う	茶，移動中に飲むなと弟子に<u>小言を言う</u>
291	skirmish	いざこざ	酢か？ミシュラン星付シェフ同士が意見相違で<u>いざこざ</u>
292	arbitrate	仲裁する	ああ！美と礼とを守るために芸術家達を<u>仲裁する</u>
293	astray	道に迷った	明日，通れ！いきなり言われ，<u>道に迷った</u>旅人は困惑

294	alias	偽名	絵入り（の）明日のロケ地の説明書は偽物，作者も<u>偽名</u>
295	quorum	定足数	食おう，ラム肉，議決に必要な<u>定足数</u>の議員が集まるまで
296	admonish	忠告をする	「あ，どうも」に終始せず，誠意ある<u>忠告をする</u>のが友人の役目
297	douse	沈静化する	ダウ，すごい勢いの値下がりは主要統計発表で<u>沈静化する</u>
298	wrangle	説き伏せる	蘭，グループリーダーへのお祝いにと周りを<u>説き伏せる</u>
299	lurk	気づかれずにいる	楽な姿勢で敵に<u>気づかれずにいる</u>のが尾行の鉄則
300	watchdog	監視機関	ウオッチ！土偶だ！と古墳調査の<u>監視機関</u>職員が叫ぶ
301	arbiter	調停者	あ〜！バターある！在庫無と言った問屋を責める<u>調停者</u>
302	clemency	寛容な処置	暮れ，麺，知られずに親子に届ける蕎麦屋の<u>寛容な処置</u>
303	shun	避ける	シャンパン飲むのは目標達成まで<u>避ける</u>
304	dub	ニックネームを付ける	ダブルスで初の全国大会！ペアに<u>ニックネームを付ける</u>
305	uproar	大騒ぎ	「あ！プロ！」アマチュア大会の視察中に見つかり<u>大騒ぎ</u>
306	flounder	低迷する	（めまいで）フラ！運試しで買った株の成績が<u>低迷する</u>
307	gobble	ガツガツ食べる	ゴー！バル！大酒後はしめのカレーを<u>ガツガツ食べる</u>

308	disdain	蔑視	(インターンからの)「辞す！」でインターンへの蔑視に気付く
309	mire	窮地に陥らせる	舞い上がったままの態度が，逆に窮地に陥らせる
310	groom	訓練・教育する	グル（指導者）生むように熱心に部下を訓練・教育する
311	warrant	令状	(国民を2つに)割らんとする偽情報発信者に捜査令状
312	binge	ふける	瓶，自分達での片付けが友人宅で飲食にふける時の約束
313	budge	変える	馬耳東風，説得後も変えることのない山林への投資
314	inclement	荒れ模様の	印くれ！麺と野菜を仕入れて，荒れ模様の天候に備える
315	predomi-nant	優勢な	プレー，どう？皆と優勢な試合展開の要因を議論
316	axiom	金言	「握手を無駄にするな」は信頼関係にかかわる金言
317	candor	率直さ，公正さ	勘だけど担当スカウトの率直さ，公正さは信頼できる
318	crest	頂点に達する	暮れ（に），ストーブの売り上げは毎年頂点に達する
319	decipher	読み解く	実際，ファンの心理を読み解くのは難しい
320	dissect	詳細に分析する	辞意急（せ）くと詳細に分析するためのデータを消されるかも

321 adamant

This week's inflation number would have little impact / on expectations for the Fed's meeting next week / as Fed officials have been <u>adamant</u> about raising rates.

> 今週公表予定のインフレ率は，Fed（連邦準備制度）高官が利上げに固執しているため，来週の Fed 会合の予想にほとんど影響を与えないだろう。

---

adamant [ǽdəmənt]

仇（あだ）！マントを断固として着ないでひどい風邪に

【形】1.〔人や態度など〕断固とした，頑固な，堅固無比の，絶対に譲らない，聞く耳を持たない；　2.〔物が〕非常に固い

---

322 solidarity

One of the European leaders expressed hope / that Germany would act in <u>solidarity</u> with other EU members / to <u>confront</u> the energy crisis.

> ヨーロッパの指導者の一人は，エネルギー危機に立ち向かうために，ドイツが他の EU 加盟国と連帯して行動することへの希望を表明した。

---

solidarity [sὰlədǽrəti]

サラダ，理知的な人が好む食材使い団結を図る宴会に提供

【名】〔共通の利害・立場などから生れる〕団結，結束，連帯

---

confront [kənfrʌnt]【他動】〔問題・困難などに〕直面する，立ち向かう

323 flaw

The government's <u>provision</u> of billions of dollars of subsidies to <u>state-owned</u> companies / has created <u>flaws</u> / in the domestic market and overseas markets.

政府が国有企業に何十億ドルもの補助金を支給していることは，国内外の市場に欠陥をもたらしている。

---

flaw [flɔ́]
風呂の浴槽に欠陥，給湯に不具合

【名】1. 欠陥，不具合 ； 2. 割れ目，傷，ひび ； 3. 欠点
【他動】1.〔物に〕傷を付ける，ひびを入れる ； 2.〔〜を〕駄目（無効）にする

---

provision [prəvíʒən]【名】提供，支給，供給
state-owned【形】1.〔土地などが〕国有の ； 2.〔企業などが〕国営の

324 leery

Central bank officials appeared to be <u>leery</u> of making more <u>tweaks</u> / to the current forward guidance / in order not to undermine its credibility.

中央銀行当局者は，信頼性を損なわないために，現在のフォワードガイダンスをさらに調整することに慎重であるようだ。

（**参考**）フォワードガイダンスとは，中央銀行や金融政策当局が前もって表明した将来の金融政策の方針。

> **leery** [líəri]
> **理（理由）あり！疑い深い**対応は相手の過去の裏切りのため
>
> 【形】〔人が〕疑い深い，用心深い，油断しない

tweak [twí:k]【名】〔自動車や機器の性能を高めるための〕微調整，マイナーチェンジ

325 | brace

Investors around the world are pouring money into U.S. stocks, / even as they brace for the prospect of an economic slowdown / resulting from skyrocketing inflation and other factors.

世界中の投資家は，急激なインフレなどの要因による景気減速の見通しに備えながらも，米国株に資金を注ぎ込んでいる。

> **brace** [bréis]
> **無礼すぎる相手には，想定外への対応を準備する**
> 【自動】身構える，準備をする
> 【他動】1.〔自分を〕身構えさせる，準備させる；
> 　　　　2.〔～に〕筋交いを付ける；　3.〔～を〕補強する，〔～を〕固定する

brace for ～に備える，～に構える
prospect [prɑ́:spèkt]【名】見込み，可能性
skyrocketing【形】〔価格などが〕急騰（高騰）する（している），とどまるところを知らない

【米国の経済指標（1）】

主要な経済指標としては，景気動向を示す国内総生産（**Gross Domestic Product (GDP)**）や物価の動向を示す消費者物価指数（**Consumer Price Index (CPI)**）が思い浮かぶかもしれません。米国の **GDP** は，商務省の経済分析局（**U.S. Bureau of Economic Analysis (BEA)**）が四半期ごとに，3回（**Advance Estimate, Second Estimate, Third Estimate**）に分けて公表しています。**CPI** は労働省労働統計局（**U.S. Bureau of Labor Statistics (BLS)**）が毎月発表する消費者が購入する物やサービスの価格変動を示す指標で，インフレ状況を把握するのに重要な指標です。

326 proponent

<u>Proponents</u> of working from home need to consider / both the benefits and the disadvantages / such as reduced communication.

在宅勤務の支持者は，メリットだけでなく，コミュニケーションの減少などのデメリットも考慮する必要がある。

proponent [prəpóunənt]
プロっぽ（プロっぽい）！なんと映像は素人の政治家<u>支持者</u>の作
【名】1. 支持者，賛成者，擁護者，弁護者； 2. 提案者，主唱者，発議者，申立当事者

327 adversary

The Treasury Department imposed <u>sanctions</u> / on cryptocurrency platforms / whose services were used for money laundering by criminals and national <u>adversaries</u>.

> 財務省は，犯罪者や国家の敵対者によってマネーロンダリングにサービスが利用された暗号通貨プラットフォームに，制裁を課した。

---

adversary [ǽdvərsèri]
あ！ドブあさりさながらと，<u>対戦相手</u>の動きをからかう

【名】敵，敵対者（国），相手，対抗者，対戦相手
【形】敵の，敵対者（国）の，対抗者の，対戦相手の

---

sanction [sǽŋkʃən] 【名】〔法的な〕制裁（措置）

328 spate

After rising in the morning, / U.S. stocks began to fall / as investors <u>assessed</u> <u>a spate of</u> economic data / and comments from Federal Reserve officials.

> 午前中に上昇した後，米国株は，相次ぐ経済指標や連邦準備制度（Fed）高官の発言を見極めるにつれて，下落し始めた。

---

spate [spéit]
酸っぺい！豆腐に<u>大量</u>のお酢は合わない

【名】1. 大量； 2. 言葉や感情のほとばしり； 3. 洪水，豪雨，大水

---

assess [əsés]【他動】〔～の価値・重要性などを〕見積もる，算定する，評価する

a spate of〔短時間・短期間に起こる〕相次ぐ，一連の，続発（多発）する，多数（大量）の

329 plateau

The market share of the biggest e-commerce company appears to have <u>plateaued</u> / in recent years / due to increased competition / from other retailers.

電子商取引の最大手企業の市場シェアは，他の小売業者との競争激化により，ここ数年横ばいになっているようだ。

---

plateau [plætóu]
プラッと席立つ生徒数が授業方法の変更で頭打ちになる

【自動】進歩が止まる，水平（横ばい）状態に達する，頭打ちになる

【名】1. 安定（停滞）期（状態）； 2. 高原，台地； 3. 海台

---

330 | scramble

Major contract manufacturers are <u>scrambling</u> / to <u>contain</u> the COVID-19 pandemic / at their <u>facilities</u> / to meet growing orders for smartphones and tablets.

> 大手委託製造業者は，スマートフォンやタブレットの注文増加に対応するため，自社施設で新型コロナウイルスの大流行を封じ込めるために奮闘している。

---

scramble [skrǽmbl]
スクランブル・エッグ作りに<u>奮闘する</u>

【自動】1. 奮闘する，先を争う；　2. 急いで（慌てて）〜する；　3. はい登る，よじ登る，はって進む；　4.〔軍用機が〕緊急発進する

【他動】1.〔盗聴されないように〕〜の周波数を変える，〔〜に〕スクランブルをかける，〔〜を〕暗号化する；　2. 緊急（スクランブル）発進させる；　3.〔考え・文字などを〕ごちゃ混ぜにする

---

contain [kəntéin]【他動】〔敵などを〕封じ込める，阻止する，食い止める

facility [fəsíləti]【名】施設，設備

331 | fruition

<u>Fiscal stimulus</u> and protectionist policies / advocated by influential politicians in the ruling party / could lead to inflation / if they come to <u>fruition</u>.

> 与党の有力政治家が支持している財政刺激策と保護主義政策は，実現すればインフレにつながる可能性がある。

fruition [fruíʃən]

古い衣装を手に入れる！長年のファンが<u>実現</u>した夢

【名】1.〔目的などの〕達成，成就，実現； 2.〔望んだ
結果が得られた〕達成感，成就の喜び； 3. 結実，
実を結ぶこと

stimulus [stímjələs]【名】〔行動などを起こさせる〕激励，励み
（となるもの）

fiscal stimulus 財政刺激策

（**参考**）monetary stimulus 金融刺激策

|332| **rogue**

Prosecutors allege / that the former security chief of a
major communications company, / who <u>concealed</u> the
theft of the company's confidential information, / was a
<u>rogue</u> employee.

検察官は，会社の極秘情報の盗難を隠蔽した大手通信会社の元セキュ
リティ責任者が，自分勝手に行動して面倒を起こす従業員であった
と主張している。

rogue [róug]

労（を），愚弄する者は<u>自分勝手に行動する</u>ごろつきか

【形】1.〔人が孤立して〕自分勝手に行動する，面倒を起
こす； 2.〔動物が凶暴で〕群れから離れた

【名】1. ごろつき，悪党，不良，ならず者，詐欺師； 2.
いたずらっ子，わんぱく小僧； 3. 放浪者，路上生
活者，ホームレス，宿なし

conceal [kənsíːl]【他動】〔物・情報・事実などを〕隠す，隠匿する，秘密にする

333 | fraudster

Some schemes to raise funds via cryptocurrency / for disaster relief / have attempted to <u>trick</u> <u>donors</u> <u>into</u> sending crypto to <u>fraudsters</u>.

> 災害支援のために，暗号通貨で資金を調達するスキームの中には，寄付者を騙して詐欺師に暗号通貨を送らせようとしていたものがある。

---

fraudster [frɔ́ːdstər]

不老どう？スター出演のサプリの広告は詐欺師の仕業

【名】詐欺師

---

trick [trík]【他動】〔人を〕トリックにかける，計略（策略）でだます，けむに巻く

trick someone into （人）をだまして（うまく言いくるめて・言葉巧みに操って）〜させる

donor [dóunər]【名】寄付をする者（団体，国），寄贈者，贈与者，援助資金供与者，篤志家

334 | tame

Given that many adults are not working / for fear of getting or spreading the coronavirus, / the U.S. labor market might not fully recover / until the virus is <u>tamed</u>.

> 多くの成人が新型コロナウイルスの感染や拡散を恐れて働いていな

いことを考えると，ウイルスが落ち着くまで，米国の労働市場は完全には回復しないかもしれない。

---

tame [téim]

手，医務室での治療後，麻酔で痛みを<u>弱める</u>

【他動】 1.〔気力・色彩などを〕弱める； 2.〔野生動物などを〕飼いならす，手なずける； 3.〔人を〕従順にさせる，おとなしくさせる； 4.〔熱意や情熱，関心を〕そぐ，抑える

---

335 | faddish

Due to low <u>market access barriers</u>, / it is typically difficult for <u>faddish</u> plastic watches / to move beyond being niche products.

　市場参入障壁が低いため，流行のプラスチック製の腕時計がニッチな製品の域を超えていくことは，一般的に困難である。

---

faddish [fǽdiʃ]

不和で<u>一瞬</u>にして主役二人の関係が崩れる映画が<u>流行する</u>

【形】 1.〔物事が〕一時的にはやる（流行する），一時的流行の； 2.〔人が〕一時的流行を追う

---

market access barriers 　市場参入障壁

336 legitimacy

The global economic growth forecasts / in the oil-producers group's report / will give <u>legitimacy</u> to its decision / to increase crude-oil production.

産油国グループの報告書での世界の経済成長見通しは，原油の増産決定に正当性を与えるだろう。

---

legitimacy [lidʒítəməsi]
（スーパーの）**レジ**，低マシーン性能でも計算の<u>**正当性**</u>は確認済

【名】1. 正当性，合法性；　2.〔君主などの〕正統，正系；　3.〔子どもの〕嫡出

---

337 baffle

High-speed trading has <u>baffled</u> / most investors and market experts and / made stock markets even more complex.

高速取引は，多くの投資家や市場の専門家を困惑させ，株式市場をさらに複雑なものにしている。

baffle [bǽfl]

場（所），古い城跡だと謎の噂が地元を困惑させる

【他動】1.〔人を〕途方に暮れさせる，困惑させる，まごつかせる；　2.〔爪を〕薄く染める

【名】当惑，挫折

338 hail

Amid rising inflation and labor shortages, / ride-hailing companies must appeal to a more cost-conscious consumer / and attract drivers seeking more income.

インフレと労働力不足が進む中で，配車サービス会社はコスト意識の高い消費者にアピールし，より多くの収入を求めるドライバーを引き付けなければならない。

hail [héil]

塀，要るからと業者に依頼に行くためにタクシーを拾う

【他動】1.〔タクシーなどを〕呼び止める，〔タクシーを〕拾う；　2. 歓迎する，歓呼して迎える；　3.〔～に〕挨拶する

conscious [kάnʃəs]【形】〔～を〕意識した，意識の強い，気にしている

cement

British lawmakers' <u>ratification</u> of a free-trade agreement
/ with the European Union / is an essential step / in
<u>cementing</u> the U.K.'s departure from the EU.

> 欧州連合との自由貿易協定の英国議員による批准は，英国の EU 離
> 脱を確実にする重要なステップである。

---

cement [səmént]
責めんといて！と本音を語って関係を強固にする

【他動】 1.〔人の絆などを〕強化する，強固にする；
2.〔セメントなどで〜を〕固める，固定する，結
び付ける； 3.〔セメントで〜を〕覆う，舗装す
る
【名】 1.〔建築材の〕セメント，接合剤； 2.〔建築材の〕
コンクリート； 3. 結びつけるもの，きずな

---

ratification [ræ̀təfikéiʃən]【名】批准，承認，裁可

|340| **sputter**

Even when the economy <u>sputters</u>, / <u>defending</u> market-
ing budgets is essential / to safeguarding the long-term
value of the brand / and maintaining customer loyalty.

> 経済が低迷している時でも，マーケティング予算を守ることは，長
> 期的なブランド価値を守り，顧客ロイヤルティを維持するために不
> 可欠である。

sputter [spʌ́tər]

スーパー，立ち食いコーナーの売上増は徐々に力つきる

【自動】1.〔機械・チームなどが〕うまく作動（機能）しない，〔成長・発達などが〕徐々に力つきる；2.〔火花などが〕パチパチ音を立てる，〔エンジンが止まりかけて〕プッスンプッスンと音を立てる；3. 口から唾を飛ばす

【他動】〔～を〕（興奮して）早口に言う，まくしたてる

【名】〔火花などの〕パチパチいう音，〔エンジンが止まりかけたときの〕プッスンプッスンという音

defend [difénd]【他動】〔～を〕擁護する，〔人の〕肩を持つ，〔～を〕主張する

341 retrench

Sectors sensitive to rising interest rates, such as real estate, / are <u>going through</u> a period of <u>retrenchment</u>, / while others such as healthcare / continue to <u>struggle</u> to hire enough workers.

不動産などの金利の上昇に敏感なセクターは，経費節減の時期を迎えている一方で，医療などの他のセクターは十分な労働者を雇うのに苦労し続けている。

retrenchment [ritréntʃmənt]【名】1. 削減，縮小，短縮；2. 経

費節減，支出抑制

> **retrench** [ritrént∫]
> **利，取れん！チャンスがくるまで経費を削減する**
>
> 【他動】1.〔～を〕削減する，〔～を〕切り詰める；
>   2.〔～を〕削除する，〔～を〕取り除く
> 【自動】節約（倹約）する

go through【句動】〔困難・試練・つらいことなどを〕体験（経験）する

struggle [strʌ́gl]【自動】取り組む，懸命に努力する，悪戦苦闘する

342 | canny

Retail executives, / typically great merchants with a canny ability to anticipate upcoming trends, / are now required to understand technology and data management.

> 小売業の幹部は，通常は，近づきつつあるトレンドを予測する抜け目ない能力を備えた優れた商人だが，今やテクノロジーとデータマネジメントを理解することが求められている。

> **canny** [kǽni]
> **缶に傷があっては大変と慎重な検査をする**
>
> 【形】抜け目のない，ぬかりのない，慎重な

upcoming [ʌ̀pkʌ́miŋ]【形】近づきつつある，もうすぐやって来る，もうすぐ発表（発売）される，来る，次回の

343 haunt

Several cities in the South can be said to be a favorite
<u>haunt</u> of investors / as the share of investors / among
buyers of <u>residential properties</u> there is growing.

> 南部のいくつかの都市は，住宅用不動産の購入者に占める投資家の
> 割合が増加していることから，投資家のお気に入りの場所と言える。

---

haunt [hɔ́nt / hɑ́nt]
本当に行きつけの場所か紹介者に確認してから使う

【名】1. よく行く場所，行きつけの場所，たまり場，たむ
ろする場所； 2. 幽霊，お化け
【他動】1.〔～を〕しばしば訪れる，〔～に〕しばしば行
く，頻繁に（しょっちゅう）出入りする； 2.
〔幽霊が～に〕出没する
【自動】1.〔幽霊が〕出没する； 2.〔人が場所を〕よく
訪れる

---

residential property 住宅地，居住用財産

344 opine

A new proposal from the Securities and Exchange
Commission / on climate disclosure / would increase
the amount of work / for auditors / to <u>opine</u> on the ac-
curacy of the financial statements.

> 気候開示に関する証券取引委員会（SEC）からの新しい提案は，財
> 務諸表の正確性について意見を述べるための会計監査人の作業量を
> 増やすことになる。

> **opine** [oupáin]
> **王，パインが大好物だと自らの考えを述べる**
>
> 【他動・自動】見解（考え）を述べる（持つ）

345 grim

Companies in a wide range of industries / have announced massive job cuts / in the latest <u>round</u> of <u>grim</u> announcements.

> 幅広い業種の企業が，最新の厳しい発表の中で，大規模な人員削減を発表した。

> **grim** [grím]
> **グリム童話には厳しい現実への示唆がある**
>
> 【形】1.〔状態・状況・情報などが人を不安にさせるほど〕厳しい，深刻な，暗い，悲観的な，不快な；　2.〔人の表情・目つき・口調・声などが〕険しい，厳しい；　3.〔決意などが〕断固たる（とした），妥協しない；　4. 質の悪い，出来の悪い

round [ráund]【名】〔繰り返し出現する〕期間

346 snap

Yield-seeking individual and institutional investors / are <u>snapping up</u> <u>single-family houses</u> / to <u>rent out</u> or <u>flip</u>, / competing with ordinary Americans / trying to buy their homes.

利回りを求める個人投資家や機関投資家は，自分の家を購入しよう
とする一般のアメリカ人と競争しながら，賃貸や転売するために，
一戸建て住宅を購入している。

---

snap [snǽp]

砂，プレゼントに飛び付く砂収集マニア

【自動】1.〔機会などに〕飛び付く，逃さない；　2.〔鋭
い音を立てて〕折れる，切れる；　3. パチン・パ
キッという音を立てる，開く，閉まる；　4.〔連
敗・連勝などを〕止める

---

snap up【句他動】1.〔すぐに～を〕購入する，手に入れる；
2.〔機会などを〕逃さない，すぐに利用する
single-family house　一戸建て住宅
rent out　賃貸する
flip [flíp]【他動】〔不動産・株などを素早く〕転売する

347 | obliterate

Years of exceptionally volatile and often <u>plunging</u> com-
modity markets / have <u>obliterated</u> many hedge funds /
that bet heavily on oil and other commodities such as
wheat.

何年にもわたる非常に不安定でしばしば急落するコモディティ市場
は，石油や小麦などの他のコモディティに重点的に賭けた多くのヘッ
ジファンドを消滅させた。

> **obliterate** [əblítərèit]
> **炙り，タレ，いとも簡単に素材の風味を<u>完全に破壊する</u>**
>
> 【他動】1.〔跡形もなく~を〕全滅させる，完全に破壊する，撃破する；　2.〔文字・情報・記憶・痕跡などを〕消す，消し去る，取り除く，拭い去る；　3.〔切手などに〕消印を押す

plunging [plʌ́ndʒiŋ]【形】急に落ちる，急落する

The impact of the <u>proliferation</u> of Internet video / on the subscription-based TV business / remains a matter of debate / as the number of U.S. television subscribers increased but the growth was <u>anemic</u>.

> インターネット・ビデオの急増のサブスクリプション・ベースのテレビビジネスに対する影響は，米国のテレビ加入者数が増加したものの成長は貧弱であったため，依然として議論の余地がある。

> **anemic** [əníːmik]
> **兄，見比べていた服を別の人に買われ<u>元気のない</u>表情に**
>
> 【形】1.〔経済などが〕元気のない，沈滞した；　2. 貧血（症（性・様））の；　3.〔貧血症のように〕無気力な，弱々しい，非力な；　4.〔小説などが〕面白くない

proliferation [prəlifəréiʃən]【名】〔急激な〕拡散，まん延

349 paltry

Companies with paltry returns and a lack of growth / aren't generally attractive investment targets.

> 利益が少なく，成長が見込めない企業は，一般的に魅力的な投資対象ではない。

---

paltry [pɔ́ltri]

ポール（ポジション）取りは取るに足りない争いとは敗者の戯言

【形】1.〔金額などが〕わずかばかりの，たったの，微々たる，取るに足りない； 2.〔人・言葉などが〕下劣な，卑劣な； 3.〔物が〕無価値の，役に立たない； 4.〔人が〕けちな

---

350 decimate

The COVID-19 pandemic has decimated many U.S. businesses / and put millions of Americans out of work.

> 新型コロナウイルスの大流行は，多くの米国企業に大きなダメージを与え，何百万人ものアメリカ人を失業させた。

---

decimate [désəmèit]

弟子，名刀に傷をつけ，師匠の名声にダメージを与える

【他動】1.〔～に〕大きな損傷（損害・被害・ダメージ）を与える，〔～に〕大打撃を与える，〔～を〕激減させる； 2.〔組織・集団などの〕多く（大部分）を殺す（滅ぼす）； 3.〔物の〕大部分を破壊する

---

business [bíznəs] 【名】店，会社，企業，事業所
put ~ out of work 　～を失業させる，失業に追い込む

【米国の経済指標 (2)】

労働省労働統計局（Bureau of Labor Statistics (BLS)）が公表する雇用統計（Employment Situation）は，景気判断を行う上での重要な指標で，事業所調査（Current Employment Statistics (CES)）と家計調査（Current Population Survey (CPS)）の 2 つから成っています。

CES に含まれる非農業部門雇用者数（nonfarm payroll employment）は，文字通り，農業部門を除いた産業で働く雇用者数で，米国の雇用の動きがいち早く分かる指標として，失業率と並んで注目度の高い指標です。

CPS の中には，失業率（unemployment rate）の他に労働参加率（labor force participation rate）等があります。労働参加率は，生産年齢人口（16 歳以上の人口）に占める労働力人口（就業者＋失業者）（working or actively looking for work）の割合です。

失業保険（unemployment insurance）の新規申請件数（initial claims）と継続受給件数（continuing claims）は，労働省雇用訓練局（Employment and Training Administration）が週次で公表している指標です。新規申請件数は，失業者が失業保険給付を初めて申請した件数で，景気の先行指標として使われています。失業保険を継続受給するには，毎週申請を行う必要があり，継続受給申請件数は，言葉通り，継続受給の申請件数です。

351 | **constellate**

A satellite venture that sought to provide global internet connectivity / via a large <u>constellation</u> of low-orbit satellites / has filed for bankruptcy.

> 大規模な低軌道衛星を介してグローバルなインターネット接続を提供しようとしていた衛星ベンチャーは，破産を申請した。

constellation [kὰnstəléiʃən]【名】1.〔類似の物・人・事柄などの〕集まり，群れ；　2. 星座（の位置）

---

constellate [kɑ́nstəlèit]
缶，廃れ，意図より早くペットボトル製造人員を<u>集める</u>

【自動】〔星座を構成する星のように〕集まる
【他動】〔星座を構成する星のように～を〕集める

---

352 | **spawn**

A <u>prolonged</u> <u>economic downturn</u> / could <u>spawn</u> a series of corporate bankruptcies / that hit bondholders hard.

> 長期にわたる景気の停滞により，債券保有者に大きな打撃を与える企業倒産が相次ぐ可能性がある。

---

spawn [spɔ́n]
酢，ポン酢の語源であるかの誤解を<u>引き起こす</u>

【他動】1.〔～を〕発生させる，生じる，引き起こす；
　　　　2.〔水生動物が卵を〕産む；　3.〔雇用などを〕
　　　　創出する

（**参考**）「ポン酢」はオランダ語の「ポンス」の音変化「ポンズ」の「ズ」に「酢」を当てたもの。

prolonged [prouló:ŋd]【形】長引いた，長期の，長期に及ぶ，長期化する

economic downturn　景気の停滞（低迷・下降），経済の悪化，不況

|353| deluge

The elite investment bank made the <u>fatal</u> mistake / of underestimating the danger / that a <u>deluge</u> of negative news could cause a crisis of confidence.

エリート投資銀行は，大量の否定的なニュースが信頼の危機を引き起こすという危険性を過小評価するという致命的なミスを犯した。

---

deluge [délju:dʒ]

出る自信，努力の甲斐あり大量の試験問題にも動じない

【名】1.（〜の）殺到，大量（の〜）； 2. 大洪水，氾濫；
3. 大雨，土砂降り
【他動】1.〔大量のものが〜に〕殺到する，押し寄せる；
2.〔洪水や豪雨が〜を〕水浸しにする，氾濫させる； 3.〔大量のものが人を〕圧倒する

---

fatal [féitəl]【形】致命的な，命取りになる

354 **proxy**

The number of initial jobless claims / used as a <u>proxy</u> for layoffs / is on a downward trend / as the job market has calmed down somewhat.

レイオフ数の代用として使用される新規失業保険の新規申請件数は，雇用市場がやや落ち着いているため，減少傾向にある。

---

proxy [práksi]
プラ（スチック）串の販売業者の代理人になる

【名】代理，代理権，代理人，（代理）委任状

---

355 **snarl**

A booming U.S. economy and huge government stimulus / have <u>snarled</u> supply chains / and <u>accelerated</u> inflation around the world.

活況を呈する米国経済と政府による大規模な景気刺激策が，サプライチェーンを混乱させ，世界中でインフレを加速させている。

---

snarl [snáɾl]
砂，あるはずの在庫消失が建設会社を混乱させる

【他動】1.〔状況・事態などを〕混乱させる； 2.〔糸・髪などを〕もつれさせる； 3.〔交通を〕渋滞させる
【名】1. 混乱； 2.〔糸・髪などの〕もつれ，からまり

---

accelerate [əksélərèit]【他動】1.〔～の進行を〕早める，加速する； 2.〔～の移動の〕速度を上げる，加速させる

356 | bipartisan

The massive infrastructure bill passed the Senate / with
bipartisan support.

> 巨額のインフラ法案が，超党派の支持で上院を通過した。

---

bipartisan [baipɑ́rtəzən]
バイ！パーティ！残念だけど超党派の懇親会は終了
【形】2 党の，2 派の，超党派の

（参考）partisan [pɑ́rtəzən]【形】〔政治信条が〕党派心があらわな，
党派心に基づいた

357 | onus

As investors have turned negative on money-losing
companies, / once-highly valued stocks have the onus
/ to show a clear path to make big profits.

> 投資家が不採算の企業に否定的になったため，かつては高評価だっ
> た株式は，大きな利益を上げるための明確な道筋を示す責任を負っ
> ている。

---

onus [óunəs]
追うな！直ぐに的確な指示をして指揮官は責任を果たす
【名】責務，負担，重荷，義務，〔過失に対する〕責任

---

turn negative 〔物の見方などが〕否定（悲観）的になる

358 exquisite

Information on the origins of the COVID-19 pandemic / must come from various sources / to be of <u>exquisite</u> quality.

> 新型コロナウイルスの大流行の起源に関する情報は，非常に質の高いものであるためには，さまざまな情報源から得られたものでなければならない。

---

exquisite [ikskwízit / ekskwízit]

行く！救いじっと待つより<u>優れた</u>行動力に活路を見出す

【形】1. この上なく素晴らしい，優れた，絶妙の，申し分ない； 2. 精妙な，精緻な，精巧な； 3. 非常に美しい，優美な

---

359 kitschy

Some think / a huge, <u>kitschy</u> statue of a famous actress / in an upmarket residential area / doesn't <u>fit in with</u> the area's sophisticated cultural scene.

> 高級住宅地区にある有名女優の巨大で下品な像は，この地区の洗練されたカルチャーシーンにそぐわないと考える人もいる。

---

kitschy [kítʃi]

基地に近い店舗は<u>低俗な</u>商品を置かないらしい

【形】模造の，安っぽい，俗受けをねらう，低俗な

---

fit in with ～に適合する，～にうまく溶け込む

360 throwback

The risky trades / to buy a huge amount of junk bonds
<u>on the cheap</u> / and wait for their prices to recover / is a
<u>throwback</u> to the old ways of trading on Wall Street.

> 巨額の（高利回りだが高リスクの）ジャンク社債を安く購入し，そ
> の価格が回復するのを待つというリスクの高い取引は，ウォール街
> の古い取引方法への逆戻りである。

---

throwback [θróubæ̀k]

刷ろう！漠然と前例踏襲は時代に<u>逆行</u>と訴えるポスター

【名】1. 逆行；　2. 先祖返り；　3. 投げ返し

---

on the cheap　安価に，安く，安上がりに

(1) 見出し語番号　　(2) 見出し語
(3) 見出し語の（連想（語呂合わせ）文での）意味　　(4) 連想（語呂合わせ）文

(1)	(2)	(3)	(4)
321	adamant	断固として	仇（あだ）！マントを<u>断固として</u>着ないでひどい風邪に
322	solidarity	団結	サラダ，理知的な人が好む食材を使い<u>団結</u>を図る宴会に提供
323	flaw	欠陥，不具合	風呂の浴槽に<u>欠陥</u>，給湯に<u>不具合</u>
324	leery	疑い深い	理（理由）あり！<u>疑い深い</u>対応は相手の過去の裏切りのため
325	brace	準備する	無礼すぎる相手には，想定外への対応を<u>準備する</u>
326	proponent	支持者	プロっぽ（プロっぽい）！なんと映像は素人の政治家<u>支持者</u>の作
327	adversary	対戦相手	あ！ドブあさりさながらと，<u>対戦相手</u>の動きをからかう
328	spate	大量	酸っぺい！豆腐に<u>大量</u>のお酢は合わない
329	plateau	頭打ちになる	プラッと席立つ生徒数が授業方法の変更で<u>頭打ちになる</u>
330	scramble	奮闘する	スクランブル・エッグ作りに<u>奮闘する</u>
331	fruition	実現	古い衣装を手に入れる！長年のファンが<u>実現</u>した夢
332	rogue	自分勝手に行動する	労（を），愚弄する者は<u>自分勝手に行動する</u>ごろつきか
333	fraudster	詐欺師	不老どう？スター出演のサプリの広告は<u>詐欺師</u>の仕業

334	tame	弱める	手，医務室での治療後，麻酔で痛みを<u>弱める</u>
335	faddish	流行する	不和で一瞬にして主役二人の関係が崩れる映画が<u>流行する</u>
336	legitimacy	正当性	（スーパーの）レジ，低マシーン性能でも計算の<u>正当性</u>は確認済
337	baffle	困惑させる	場（所），古い城跡だと謎の噂が地元を<u>困惑させる</u>
338	hail	タクシーを拾う	塀，要るからと業者に依頼に行くために<u>タクシーを拾う</u>
339	cement	強固にする	責めんといて！と本音を語って関係を<u>強固にする</u>
340	sputter	徐々に力つきる	スーパー，立ち食いコーナーの売上増は<u>徐々に力つきる</u>
341	retrench	削減する	利，取れん！チャンスがくるまで経費を<u>削減する</u>
342	canny	慎重な	缶に傷があっては大変と<u>慎重な</u>検査をする
343	haunt	行きつけの場所	本当に<u>行きつけの場所</u>か紹介者に確認してから使う
344	opine	自らの考えを述べる	王，パインが大好物だと<u>自らの考えを述べる</u>
345	grim	厳しい	グリム童話には<u>厳しい</u>現実への示唆がある
346	snap	飛び付く	砂，プレゼントに<u>飛び付く</u>砂収集マニア
347	obliterate	完全に破壊する	炙り，タレ，いとも簡単に素材の風味を<u>完全に破壊する</u>

348	anemic	元気のない	兄，見比べていた服を別の人に買われ元気のない表情に
349	paltry	取るに足りない	ポール（ポジション）取りは取るに足りない争いとは敗者の戯言
350	decimate	ダメージを与える	弟子，名刀に傷をつけ，師匠の名声にダメージを与える
351	constellate	集める	缶，廃れ，意図より早くペットボトル製造人員を集める
352	spawn	引き起こす	酢，ポン酢の語源であるかの誤解を引き起こす
353	deluge	大量	出る自信，努力の甲斐あり大量の試験問題にも動じない
354	proxy	代理人	プラ（スチック）串の販売業者の代理人になる
355	snarl	混乱させる	砂，あるはずの在庫消失が建設会社を混乱させる
356	bipartisan	超党派の	バイ！パーティ！残念だけど超党派の懇親会は終了
357	onus	責任	追うな！直ぐに的確な指示をして指揮官は責任を果たす
358	exquisite	優れた	行く！救いじっと待つより優れた行動力に活路を見出す
359	kitschy	低俗な	基地に近い店舗は低俗な商品を置かないらしい
360	throwback	逆行	刷ろう！漠然と前例踏襲は時代に逆行と訴えるポスター

361 **fallout**

Many corporate executives are concerned about the longer-term <u>fallout</u> / from the COVID-19 pandemic / on the global economy.

> 多くの企業経営者は，新型コロナウイルスの大流行による世界経済への副次的な影響を懸念している。

fallout [fɔ́làut]
放る，アウト！三振に加え本塁タッチアウトの<u>副産物</u>
【名】1. 副産物，副次的な（予期しない）影響；　2. フォールアウト，放射性降下物（核爆発で地上に降る放射性粒子）；　3. 放棄者（数）
【形】脱落者の

362 **sear**

<u>Searing</u> temperatures have led to a surge in demand for electricity in Europe, / pushing baseload power prices higher.

> 猛烈な気温により，ヨーロッパでは電力需要が急増し，（安定的に発電できる電力源の）ベースロード電力価格が押し上げられた。

searing [síəriŋ]
【形】〔熱さや感覚などが〕焼け付くような，焦がすような

sear [síər]
幸せを祈願して饅頭の<u>表面を焼く</u>風習が地元に残る
【他動】1.〔〜の〕表面を焼く，〔〜を〕焦がす，やけどす

る，〔〜に〕焼き印を押す，強く焼きつく； 2.
〔記憶に〜を〕焼き付ける
【名】焼け焦げ

363 prod

The central government has launched a package of
measures / to give local governments some <u>breathing</u>
<u>room</u> / in <u>repaying</u> their accumulated debts / while
<u>prodding</u> banks to lend more.

中央政府は，地方政府に積み上がった負債を返済する時間を与える
一方，銀行には貸し出しを増やすよう促す一連の措置を開始した。

---

prod [prád]
プラ，どうにか紙で代替するよう促す

【他動】1.〔〜するように〕駆り立てる，促す，励ます；
　　　　2.〔物を〕突く，つつく，刺す
【自動】突く
【名】1. 突くこと，ひと突き； 2. 突き棒，くし刺し針；
　　　3. 刺激，励まし； 4. 連絡，催促

---

breathing room 一息つける時間，少し考える時間（猶予）
repay [ripéi]【他動】〔お金を〕払い戻す，返金する

364 holdout

The Republican House leader gained the extra votes /
he needed to be elected as House speaker / by <u>con-</u>
<u>vincing</u> some of the <u>holdouts</u> that had <u>blocked</u> him.

共和党下院トップは，彼を妨害していた一部の非協力者を説得することで，下院議長に選出されるために必要な追加票を獲得した。

---

holdout
放るドア！疎まれても建築作業で協力しない人

【名】1. 妥結（妥協）を渋る人，協力しない人；　2. 差し出すこと，提供（されたもの）；　3. 抵抗，条件に応じない人，契約を保留する人

---

convince [kənvíns]【他動】確信させる，納得させる，説得する
block [blάk]【他動】妨害する，妨げる，障害となる，邪魔立てする

365 **stymie**

The prolonged <u>grounding</u> of aircraft / that burns less fuel and flies more quietly than others / could <u>stymie</u> the growth of the airline industry.

他の航空機に比べて燃料消費量が少なく静かに運航する航空機の長引く運航停止が，航空業界の成長を妨げる可能性がある。

---

stymie [stάimi]
酢，タイミングの良い追加なら，味を邪魔することはない

【他動】1. 邪魔（妨害）する，〔人などを〕困った立場に追い込む；　2.〔ゴルフで相手のラインを〕妨害する
【名】1. 困難な障害；　2. スタイミー（ゴルフで打者の球とカップの間に他のプレーヤーの球がある状態）

---

grounding [grάundiŋ]【名】飛行（運転）禁止

366 | deviate

The "comply or explain" approach of the Japanese Corporate Governance Code, / which requires companies to explain / when they <u>deviate</u> from the <u>stipulations</u> of the code, / may give too much <u>leeway</u>.

> 日本のコーポレートガバナンス・コードの，企業がコードの規定から逸脱した場合に説明することを求める「コンプライ・オア・エクスプレイン（遵守するか，さもなくば，その理由を説明する）」の考え方は，自由度が高すぎるかもしれない。

---

deviate [díːvièit]

ジビエ，意図的な捕獲しすぎは規則から逸脱する行為

【自動】〔規模・方針などから極端に〕それる，逸脱する，外れる，道を踏み外す，落ちこぼれる

【他動】〔進むべき道筋から〕そらせる，逸脱させる

---

stipulation [stìpjəléiʃən]【名】〔契約・規則・法律などの〕規定，条項

leeway [líːwèi]【名】〔自分の好きなように行動・思考できる〕自由（裁量）度

367 | wedge

Different stances on energy and defense / could <u>drive a wedge</u> / <u>between</u> the two neighboring countries.

> エネルギーと防衛におけるスタンスの違いが，隣接する2つの国に「仲間割れ」をさせる可能性がある。

```
wedge [wédʒ]
```
飢え死に寸前の難民対応の差が政党関係にくさびを打つ

　【名】1. くさび；　2. くさび状（V字形）のもの
　【他動】〔～を〕くさびで留める，くさびを打ち込んで分け
　　　る（裂く），無理やり押し込む，詰め込む

drive a wedge　仲たがいさせる
drive a wedge between〔仲間同士を〕分裂（仲間割れ）させ
る

|368| flock

The states that companies continue to <u>flock</u> to / can be characterized by <u>liberal</u> business regulations / and low corporate income tax rates.

　企業が集まり続ける州は，寛大なビジネス規制と低い法人所得税率
で特徴づけられる。

```
flock [flák]
```
付録次第で雑誌発売日に人が集まる

　【自動】集まる，群がる
　【名】1.〔羊・鳥などの〕群れ，一団；　2.〔人の〕群れ；
　　　〔物の〕多数

liberal [líbərəl]【形】1.〔人が〕気前の良い，開放的な，寛大な，物
惜しみしない；　2. 自由主義の，自由を認める，進歩的な，リベラ
ルな

369 **mob**

Thefts <u>committed</u> by groups / loosely organized on social media, / known as flash <u>mobs</u>, / are rising in stores across the country.

> フラッシュモブと呼ばれるソーシャルメディア上で緩やかに組織されたグループによる窃盗事件が，全国の店舗で増加している。

---

mob [máb]

マブダチの仇をとると友人達が<u>暴徒化</u>

【名】1. 暴民，暴徒，野次馬； 2. 大衆，民衆，愚民；
　　　3. 犯罪集団，ギャング（団）

【自動】〔暴徒などが〕群がる，殺到する

【他動】〔～に〕群がって押し寄せる，ドッと押しかける，
　　　〔～を〕襲う，もみくちゃにする

(**参考**) flash mob とは，ウェブを通じて広く呼びかけられた参加者が特定の場所に集まり，何らかのアクションを行ってすぐに解散するパフォーマンス。

commit [kəmít]【他動】〔犯罪，過失などを〕犯す，〔悪事を〕はたらく

370 **swarm**

Star investors and investment bankers / had <u>swarmed</u> cryptocurrency platforms, / some of which filed for bankruptcy protection / just three years after <u>launch</u>.

> スター投資家や投資銀行家が，仮想通貨プラットフォームに群がっていたが，その一部は立ち上げからわずか 3 年で破産保護を申請した。

swarm [swɔ́rm]

吸おう，無理でも！肺活量検査で肺を空気で<u>一杯にする</u>

【他動】〔群れが〜を〕一杯にする，埋める

【自動・他動】〔両手両足を使って〕登る，降りる

【名】1.〔動いている〕昆虫の群れ； 2.〔分巣するときの〕ミツバチの群れ； 3.〔人や動物の〕群れ，群衆，大勢

---

launch [lɔ́ntʃ]【名】〔活動などの〕開始，立ち上げ，〔新製品の〕発売

371 | **offend**

The chairman of a major financial institution seems to have <u>offended</u> long-time executives / with attacks on the company's practices and <u>compensation</u>.

大手金融機関の会長は，同社の慣行や報酬を攻撃したことで，長年の経営幹部を怒らせたようだ。

---

offend [əfénd]

お麩（と）えんどう豆の秘伝のレシピ流出が店主を<u>怒らせる</u>

【他動】1.〔人の〕気分（感情）を害する，〔人を〕怒らせ

る; 2.〔人の感覚器官を〕不快にさせる, 耳
(目) 障りだと感じさせる; 3.〔法律などを〕破
る, 背く

compensation [kàmpənséiʃən] 【名】給料, 報酬, 賃金, 給与

372 **barrage**

The government imposed <u>a barrage of</u> sanctions /
against companies / <u>allegedly</u> helping military units of
hostile countries sell huge amounts of oil / around the
world.

政府は, 敵対する国の軍事部隊が世界中で大量の石油を販売するの
を支援しているとされる企業に, 一連の制裁を課した。

barrage [bəráːʒ / báːridʒ]
ばらじゃなくて連発での集中砲火
(「ばら売り」のばら)

【名】1.〔質問などの〕連発, 連続, 集中; 2. 弾幕 (弾
丸を連続的に飛ばすこと) 砲火, 集中砲火, 一斉射
撃; 3.〔川などの〕せき, ダム, 用水路
【他動】1.〔~に〕集中砲火を浴びせる; 2.〔質問など
を (人) に〕浴びせる,〔質問などで (人) を〕
次々に攻める

a barrage of ~の連発, ~の集中
allegedly [əlédʒidli] 【副】伝えられるところでは, 申し立てによる
と, ~したとされている

373 **ploy**

Hackers <u>spoofed</u> emails from a government agency / as a <u>ploy</u> to steal personal data from recipients.

> ハッカーは（電子メールの）受信者から個人データを盗むための策略として，政府機関からの電子メールを偽装した。

---

ploy [plɔ́i]

「プロ行ける」とライバルに言う大学進学希望者の策略

【名】〔人より優位に立つためのずる賢い〕策略

---

spoof [spúːf] 【他動】1. いたずらにだます，ちゃかす；　2. もじる，滑稽にまねる

374 **bait**

Federal regulators are concerned / that <u>identity thieves</u> are using more sophisticated <u>tactics</u> / than before / to <u>bait</u> victims over the Internet.

> 連邦規制当局は，成り済まし犯がインターネット上で被害者をおびき寄せるために，以前よりも巧妙な手口を使っていることを懸念している。

bait [béit]

米（国）との取引を餌に企業を架空取引におびき寄せる

【他動】1.〔だまして〜を〕おびき寄せる，誘惑する；
2.〔釣り針や狩りのわなに〕餌を付ける； 3.
〔しつこく人や動物を〕からかう，いじめる

【名】1.〔釣りや狩りのわなの〕餌； 2. 誘惑する（心を引く）もの

identity thief 〔インターネットなどで〕他人のアカウントを悪用する人，成り済ましをする人

tactic [tǽktik]【名】〔短期的な目標達成の〕手段，戦術，方策

375 **presage**

The terms under which ride-hailing companies reclassify their drivers as "workers" / rather than independent contractors / could <u>presage</u> legal <u>wrangling</u>.

配車サービス会社が，ドライバーを独立した請負業者ではなく「労働者」として再分類する際の条件が，法的な争いを予感させる。

presage [présidʒ]

プレス（広報担当），意地悪な問を受けて嫌な予感がする

【他動】1.〔〜の〕予感がする，〔〜が〕起きるような気がする； 2.〔〜の〕前触れとなる； 3.〔〜を〕予言する

【名】1.〔将来の出来事の〕前兆； 2. 予感； 3.〔将来の出来事の〕先見の明，洞察力

wrangling [rǽŋgliŋ]【名】口論，論争

376 dodge

Unusually warm weather across Europe / is expected to cut heating costs, / ease concerns of a fuel shortage, / and <u>dodge</u> a winter fuel crisis.

> ヨーロッパ全域での異常なほどの温暖な気候により，暖房費が削減され，燃料不足の懸念が緩和され，冬の燃料危機を避けられると期待されている。

---

dodge [dάdʒ]

ドジだと思わせるために仕事の成功を<u>避ける</u>スパイ

【他動】1. よける，避ける； 2.〔嫌なことを〕巧妙に避ける（逃れる）

【自動】1. 素早く身をかわす； 2. 言い逃れる，曖昧なことを言う，はぐらかす

【名】1. 素早く身をかわす（よける・避ける・逃れる）こと； 2. 巧妙なごまかし・言い抜け

---

377 pent-up

The travel industry is <u>benefiting from</u> <u>pent-up</u> demand for travel, / driven by consumers' desire / to spend on experiences.

> 旅行業界は，体験にお金をかけたいという消費者の欲求に後押しされた，旅行に対する力強い需要から恩恵を受けている。

pent-up

ペン（＝言論）とアプリ（＝ネット）で戦う<u>抑圧された</u>民衆は<u>強い</u>

【形】1.（売上につながる機会がなかった製品への需要が）強い；　2.〔感情・力などが〕抑圧された，押さえつけられた

（参考）pent [pént]
　【自動】pen〔閉じ込める〕の過去・過去分詞形
　【形】閉じ込められた

benefit [bénəfit]【自動】利益を得る，得をする
benefit from　〜から恩恵を受ける，〜から利益を得る

378 apprehension

Although soaring inflation and falling household income have made / many consumers <u>pessimistic</u> about the economy, / <u>apprehension</u> is not keeping them from using their credit cards.

急激なインフレと家計収入の減少により，多くの消費者は経済に対して悲観的になっているが，不安が彼らのクレジットカードの使用を妨げているわけではない。

apprehension [æ̀prihénʃən]

アプリ，変！しょんぼり<u>不安</u>がる開発者は外部の声を気にしすぎ

【名】1. 不安，気がかり，懸念，心配，心細さ；　2. 逮捕，検挙；　3. 理解（力）

（参考）apprehend [æprihénd]

【他動】1.〔犯罪者などを〕捕まえる，逮捕する，取り押さえる；　2.〔意味を〕捉える，つかむ，理解する；　3.〔事態の悪化を〕心配する，懸念する，恐れる

pessimistic [pèsəmístik]【形】悲観的な，厭世的な，〔見通しなどが〕暗い

379 lieutenant

Two longtime lieutenants to a prominent business owner / who turned his family's grocery store into a major supermarket chain / were ousted / from his family trust.

家族の食料品店を大手スーパーマーケットチェーンにした著名な経営者の長年の2人の側近が，彼の家族信託（の受託者）から外された。

---

lieutenant [lu:ténənt]

（カレーの）ルー，テナントに配ったのは社長の側近

【名】1. 側近；　2.〔上官の〕副官，補佐官；　3.〔警察の〕警部補，〔消防署の〕副隊長；　4.〔陸軍・空軍・海兵隊の〕中尉，少尉；　5.〔海軍・空軍の〕大尉

---

380 defer

The OPEC+ coalition deferred discussions on its next move / as it needs to assess the outcome of the U.S. president's visit to Saudi Arabia.

OPEC プラス連合は，米国大統領のサウジアラビア訪問の結果を評価する必要があるため，次の動きに関する議論を延期した。

defer [difə́:r]

出（出番），不安なら起用は保留すると監督が明言

【他動】1.〔実行・決定などを〕延ばす，延期する，保留する，先送りする；　2.〔〜の〕兵役を猶予する

【自動】1.〔実行・決定などが〕延びる；　2.〔敬意を表して人の判断・意見などに〕任せる，従う

【OPEC と OPEC プラス】

OPEC（Organization of Petroleum Exporting Countries，石油輸出国機構）は，1960 年にイラン，イラク，クウェート，サウジアラビア，ベネズエラの 5 か国により，メジャーと呼ばれた国際石油資本に，産油国として共同して対抗することを目的に，結成されました。その後 13 か国まで加盟数を増やした **OPEC** は，1980 年代半ばまで国際カルテル（international cartel）として大きな影響力を行使しました。

1980 年代になり，**OPEC** に属さない産油国が石油を増産するようになり，また消費国で石油先物市場（oil futures market）が開設されて石油価格決定の主導権が市場に移っていくと，**OPEC** は各国に生産量を割り当てる生産調整を開始し，需給調整を通じて石油価格の維持を図るようになりました。

2010 年頃から，米国を中心としたシェールオイル（shale oil）の生産が増加して需給が一層緩和すると，**OPEC** に属さないロシアやメキシコなど 10 か国とも協調

して需給調整を行う **OPEC** プラスという枠組みを **2016** 年に設定し，石油価格への産油国の影響力の維持を図っています。

OPEC と **OPEC** プラスの国（**2022** 年 **7** 月現在）
OPEC
イラン，イラク，クウェート，サウジアラビア，ベネズエラ，リビア，アルジェリア，ナイジェリア，アラブ首長国連邦，ガボン，アンゴラ，赤道ギニア，コンゴ（加盟 **13** か国）
OPEC プラス
（**OPEC** 加盟国に加えて）アゼルバイジャン，バーレーン，ブルネイ，カザフスタン，マレーシア，メキシコ，オマーン，ロシア，スーダン，南スーダン（参加 **13** か国 ＋ **10** か国）
（出所：石油連盟　情報ライブラリー「OPEC，OPEC プラスとは」（作者が一部編集加筆））

381 | supplant

A redistribution of global crude oil flows / after Russia's invasion of Ukraine / partially supplanted exports from other oil-producing countries members.

> ロシアのウクライナ侵攻後の世界の原油の流れの再分配により，他の産油国メンバーからの輸出が一部置き換えられた。

supplant [səplǽnt]

さあ，プランと営業力で棚の競合品を自社製品に<u>置き換えるぞ</u>！

【他動】1.〔策略や力ずくで人の〕地位（役職）を奪い取る；　2.〔不適切なものを〕置き換える，取って代わる

redistribution [riːdistribjúːʃən]【名】再分配

382 **snatch**

Investors who are <u>snatching up</u> the bonds / backed by leveraged loans may themselves be <u>driving up</u> bond prices in trading markets.

レバレッジドローンを裏付けとする債券を手に入れている投資家は，自ら流通市場での価格をつり上げているのかもしれない。

（**参考**）レバレッジドローンとは，主に信用力が低い投資適格未満の企業に対して行われる融資。

snatch [snǽtʃ]

砂地でも，戦略上の拠点になるので<u>手に入れる</u>

【他動】1.〔機会を逃さず～を〕手に入れる，獲得する；　2.〔物や人を急に〕つかむ，しがみつく；　3.〔物を急に〕動かす，取り去る
【自動】1.〔人が物を〕ひったくろうとする；　2.〔チャンスなどに〕飛び付く

snatch up　ひっつかむ，さっとつかんで持ち上げる，さっと拾い上げる
drive up【句動】つり上げる，跳ね上がらせる

279

383 feeble

The <u>feeble</u> economy and the rising cost of fuel imports / have raised concerns / about a further widening of the current account deficit.

低迷する経済と燃料輸入コストの上昇により，経常収支赤字がさらに拡大する懸念が高まっている。

---

feeble [fíːbəl]
不意，ブルドーザーが後ろに動き貧弱な壁が壊される

【形】1.〔体力・知力などが〕弱い，貧弱な，弱々しい；
2.〔人の意志・精神などが〕薄弱な；　3.〔組織などが〕弱体の；　4.〔音・光などが〕弱い，かすかな，微弱な；　5.〔内容の〕乏しい，説得力のない

---

384 discord

Ukraine is expected to prepare for joining the European Union / despite <u>discord</u> within the bloc over how to support the country.

ウクライナは，欧州連合（EU）内に同国への支援方法について不一致があるものの，EU 加盟に向けた準備を進める見通しである。

discord [dískɔːrd]

ディスコどうする（行く）かの意見の不一致で仲たがい

【名】1. 不一致，不和，心のぶつかり合い，仲たがい；
2. 騒音； 3. 不協和音

【自動】〔～と〕一致しない

385 awash

Banks, / awash with very large deposits, / may want to take time / before paying more interest to customers, / even if interest rates rise.

> 非常に多額の預金であふれている銀行は，たとえ金利が上昇したとしても，顧客により多くの利息を支払うまでに時間をかけたいと思っているかもしれない。

awash [əwɔ́ʃ]

「合う，お習字は脳トレに」と考える人であふれる教室

【形】1.〔～で〕いっぱいで，あふれて； 2. 水につかって，波に洗われて

386 undermine

European governments have imposed electricity price controls, / which have undermined / efforts by renewable energy producers / to increase the electricity supply.

欧州の各国政府は電力価格統制を実施しており，そのことが，再生可能エネルギー事業者による電力供給量増加の努力を弱体化させている。

---

undermine [ʌ̀ndərmáin]

「安打，ま，いいけど長打を打て」と言う監督が結束を<u>むしばむ</u>

【他動】1.〔～を〕徐々に弱らせる，むしばむ，弱体化させる； 2.〔～の〕下を掘る，〔～の〕土台を壊す； 3.〔～を〕間接的に攻撃する，卑劣な手段で攻撃（批判）する

---

387 | rebut

Tech giants <u>rebutted</u> the argument / that they should pay for part of the cost of developing telecommunications infrastructure in Europe, / <u>citing</u> their laying of intercontinental undersea cables.

大手テクノロジー企業は，自分達の大陸間海底ケーブルの敷設を引き合いに出し，欧州の通信インフラの整備費用の一部を負担すべきだという議論に反論した。

---

rebut [ribʌ́t]

利（利益），罵倒！道理を退ける脱法商売で上げたもの

【他動】1.～の反証を挙げる，反駁（はんばく）する； 2.〔反論を挙げて～に〕反証する； 3.〔反証して～を〕退ける，拒絶する

【自動】反証を挙げる，反論する

---

cite [sáit]【他動】〔例証のために〜を〕引き合いに出す，〔例証のために〜に〕言及する

388 **woe**

As office leasing tends to be influenced by economic conditions, / growing fears of a recession are <u>compounding</u> / the <u>woes</u> of office building owners.

> オフィス賃貸は経済状況に影響を受ける傾向があるため，景気後退への懸念の高まりが，オフィスビルのオーナーの苦境をさらに深刻にさせている。

---

woe [wóu]
右往左往する社長の姿から資金調達の<u>苦悩</u>を知る

【名】1. 深い悲しみ，悲哀，苦悩，悲痛，苦痛； 2. 悲しみ（悩み）の種（原因），不幸な出来事，災難，問題，トラブル

---

compound [kàmpáund]【他動】〔〜の〕度合いを増す，〔事態を〕悪化させる

389 **quest**

In the global <u>quest</u> to <u>overcome</u> the inflation peak, / Southeast Asian central bankers appear to be doing better than others.

> インフレのピークを乗り越えようとする世界的な探求において，東南アジアの中央銀行は他の中央銀行よりも，うまくやっているようだ。

quest [kwést]

苦，飢え！ストを行使し，生活の改善を探求

【名】1. 探求；　2. 冒険の旅
【自動】探し求める

---

overcome [òuvərkʌ́m]【他動】〔困難・障害などを〕克服する，乗り越える，打開する

---

390 veer

A major auto company's attempt to take the lead in the electric-vehicle market / veered off course / when a key project was delayed / due to software flaws.

電気自動車市場で主導権を握ろうとする大手自動車会社の試みは，重要プロジェクトがソフトウェアの欠陥で遅れたため，軌道修正された。

---

veer [víər]

ビアガーデンを止めてカフェに転換する

【自動】1. 進行方向を変える，曲がる，それる；　2.〔考え・方針・政策などが〕変わる，転換する，変心する；　3.〔話題が〕変わる，脱線する
【他動】〔方向・針路を〕（急に）変える

---

take the lead　リードを奪う，主導権を握る
veer off course　コースからそれる

391 acrimony

It took longer than usual / for the central bank to decide to keep the reference rate unchanged / for a second straight month / amid an <u>acrimonious</u> dispute among policymakers.

> 政策立案者間の激しい論争の中，中央銀行が2か月連続での参照金利の据え置きを決定するのには，通常よりも時間がかかった。

acrimonious [æ̀krimóuniəs]【形】1.〔言葉・批評などが〕とげとげしい，痛烈な，辛辣な，手厳しい；　2.〔味・匂いなどが〕刺激性のある，辛い

---

acrimony [ǽkrimòuni]
あ，栗も雲丹もと名物争いが村に<u>とげとげしさ</u>を生む
【名】とげとげしさ

---

392 recoup

European equities <u>recouped</u> their morning declines by the close / after it turned out / that the Bank of England planned to buy long-dated government bonds / to <u>calm</u> the U.K. bond market.

> 欧州株式は，（中央銀行である）イングランド銀行が英国債券市場を落ち着かせるために長期国債の購入を計画していることが判明した後，取引終了までに午前中の下落幅を取り戻した。

---

recoup [rikú:p]
陸！プランにない上陸に船員達は元気を<u>取り戻す</u>
【他動】1.〔損失・費用などを〕取り戻す，回収する；

2. 〔人に損害などを〕弁償する，償う，埋め合わせる

calm [káːm]【他動】静める，落ち着かせる，沈静化する，なだめる

393 **pundit**

Some economic <u>pundits</u> have <u>gauged</u> <u>sentiment</u> in the economy / by <u>looking to</u> unusual indicators / as well as usual indicators / such as employment and consumer spending.

一部の経済評論家は，雇用や個人消費といった通常の指標だけでなく，通常とは異なる指標に注目して，経済の地合いを評価している。

pundit [pʌ́ndit]
パン，じっと見つめるのは，テレビで見かける評論家
【名】1.〔マスコミに登場する〕評論家，ご意見番；　2. 学識（経験）者，専門家，権威者

gauge [géidʒ]【他動】〔人の気持ちや行動などを〕判断する，評価する
sentiment [séntəmənt]【名】〔市場等の〕地合い
look to【句動】～に目（注意・心・関心）を向ける，～の方を向く

394 **scurry**

Traders wary of <u>intervention</u> in the foreign exchange market / are <u>scurrying</u> / to hedge against the potential appreciation of the yen.

外国為替市場への介入を警戒するトレーダーは，潜在的な円高をヘッ

ジするために急いでいる。

---

scurry [skə́:ri]

すか（=はずれ）有りの福引でも本日限りで急いで動く

【自動】1. 急いで動く；　2. 小走りで行く，チョコチョコ
と走る；　3.〔渦などで〕クルクルと舞う，あち
こち動き回る

【名】1. 急ぎ足，小走り；　2. クルクルと舞う動き

---

intervention [intərvénʃən]【名】〔中央銀行による〕市場介入

395 **tumble**

Australia, / a major exporter of iron ore, / saw that its
exports plunged, / mainly because coal and iron ore
shipments to foreign countries tumbled.

鉄鉱石の主要輸出国であるオーストラリアは，主に海外への石炭と
鉄鉱石の出荷が落ち込んだため，輸出が減少した。

---

tumble [tʌ́mbl]

痰，ぶるっと寒さで震えた後は健康の可能性は下落する

【自動】1.〔急に〕落ちる，下落する，落下する；
2.〔突然またはぶざまに〕倒れる，ひっくり返
る；　3.〔遊びで〕転げ回る，転がり回る

【他動】1.〔～を〕倒す，〔～を〕ひっくり返す，〔～を〕
崩壊させる；　2.〔～を〕放り投げる，〔～を〕投
げ散らかす；　3.〔～を〕回転ドラムにかける

---

plunge [plʌ́ndʒ]【自動】〔価格などが〕急に下がる，急落する

396 combustible

Industry executives said / that a <u>solid-state battery</u> would be safer / as the core material is less likely to be <u>combustible</u>, but it needed more time / to develop the technology for mass production.

業界の幹部は，固体電池はその中核材料が可燃性である可能性が低いためより安全であるものの，大量生産のための技術開発にはより多くの時間が必要であると述べた。

---

combustible [kəmbʌ́stəbl]

混むバス停，ブルーシートで<u>可燃性の</u>椅子を覆い工事開始

【形】1. 可燃の，可燃（燃焼）性の，燃えやすい；
2.〔人が〕興奮しやすい

---

solid-state battery 固体電池

397 espouse

Some past administrations <u>espoused</u> / free trade and the <u>unfettered</u> flow of capital.

過去の政権の中には，自由貿易と自由な資本の流れを信奉するものもあった。

---

espouse [ispáuz]

いいスパ，渦が強いとの噂を自店に<u>取り入れる</u>店主

【他動】1.〔主義などを〕信奉する，取り入れる，支持する； 2.〔人と〕結婚する，〔女性を〕めとる

---

unfettered [ʌnfétəd]【形】〔規則などに〕拘束されない，自由な

398 savvy

American investors can benefit from learning tax-<u>savvy</u> investing techniques / and how to avoid tax traps / that could <u>ensnare</u> them.

> 米国の投資家は，税金に精通した投資テクニックと，彼らを陥れる可能性のある税金の罠を回避する方法を学ぶことで，恩恵を受けられる。

---

savvy [sǽvi]

サビ（ワサビ）入り寿司を語る料理に精通した常連客

【形】1. 情報通の，物知りの，精通した；　2. 抜け目のない，知覚の鋭い，機転の利く；　3. 常識のある

【名】1. 手腕，技量；　2. 常識．

【自動】知る，わかる

---

ensnare [ensnéər]【他動】1. 陥れる；　2.〔～を〕わなに掛ける，誘惑する

399 tick

The fast-growing online brokerage's average revenue per user <u>ticked</u> higher / due to an increase in non-transaction revenue.

> 急成長中のオンライン証券会社のユーザーあたりの平均収益は，非トランザクション収益の増加により上昇した。

> **tick** [tík]
>
> **チクっとするよと言ってワクチン接種に<u>動く</u>お医者さん**
>
> 【自動】1. 動く，〔上手く〕機能する，作動する，行動する；　2. カチカチと音を立てる，時を刻む

400　**abound**

Streaming services / have <u>struggled</u> to attract new customers / in the domestic market / where streaming options <u>abound</u>.

ストリーミングサービスは，ストリーミングの選択肢がたくさんある国内市場で，新規顧客を呼び込みむのに苦戦している。

> **abound** [əbáund]
>
> **あ！バウンドが変化！グランドに穴が<u>たくさんある</u>！**
>
> 【自動】1. たくさんある（いる），多い，豊富である，（〜に）あふれている；　2.〔問題や困難が〕山積みである

　struggle [strʌ́gl]【自動】取り組む，懸命に努力する，悪戦苦闘する

(1) 見出し語番号　　(2) 見出し語
(3) 見出し語の（連想（語呂合わせ）文での）意味　　　(4) 連想（語呂合わせ）文

(1)	(2)	(3)	(4)
361	fallout	副産物	放る，アウト！三振に加え本塁タッチアウトの<u>副産物</u>
362	sear	表面を焼く	幸せを祈願して饅頭の<u>表面を焼</u>く風習が地元に残る
363	prod	促す	プラ，どうにか紙で代替するよう<u>促す</u>
364	holdout	協力しない人	放るドア！疎まれても建築作業で<u>協力しない人</u>
365	stymie	邪魔する	酢，タイミングの良い追加なら，味を<u>邪魔</u>することはない
366	deviate	逸脱する	ジビエ，意図的な捕獲しすぎは規則から<u>逸脱する</u>行為
367	wedge	くさび	飢え死に寸前の難民対応の差が政党関係に<u>くさび</u>を打つ
368	flock	集まる	付録次第で雑誌発売日に人が<u>集まる</u>
369	mob	暴徒	マブダチの仇をとると友人達が<u>暴徒</u>化
370	swarm	一杯にする	吸おう，無理でも！肺活量検査で肺を空気で<u>一杯にする</u>
371	offend	怒らせる	お麩（と）えんどう豆の秘伝のレシピ流出が店主を<u>怒らせる</u>
372	barrage	連発，集中砲火	ばらじゃなくて<u>連発</u>での<u>集中砲火</u>
373	ploy	策略	「プロ行ける」とライバルに言う大学進学希望者の<u>策略</u>

374	bait	餌, おびき寄せる	米（国）との取引を餌に企業を架空取引におびき寄せる
375	presage	予感がする	プレス（広報担当），意地悪な問を受けて嫌な予感がする
376	dodge	避ける	ドジだと思わせるために仕事の成功を避けるスパイ
377	pent-up	抑圧された, 強い	ペン（＝言論）とアプリ（＝ネット）で戦う抑圧された民衆は強い
378	apprehen-sion	不安	アプリ，変！しょんぼり不安が募る開発者外部の声を気にしすぎ
379	lieutenant	側近	（カレーの）ルー，テナントに配ったのは社長の側近
380	defer	保留する	出（出番），不安なら起用は保留すると監督が明言
381	supplant	置き換える	さあ，プランと営業力で棚の競合品を自社製品に置き換えるぞ！
382	snatch	手に入れる	砂地でも，戦略上の拠点になるので手に入れる
383	feeble	貧弱な	不意，ブルドーザーが後ろに動き貧弱な壁が壊される
384	discord	不一致	ディスコどうする（行く）かの意見の不一致で仲たがい
385	awash	あふれる	「合う，お習字は脳トレに」と考える人であふれる教室
386	undermine	むしばむ	「安打，ま，いいけど長打を打て」と言う監督が結束をむしばむ
387	rebut	退ける	利（利益），罵倒！道理を退ける脱法商売で上げたもの

388	woe	苦悩	右往左往する社長の姿から資金調達の<u>苦悩</u>を知る
389	quest	探求	苦，飢え！ストを行使し，生活の改善を<u>探求</u>
390	veer	転換する	ビアガーデンを止めてカフェに<u>転換する</u>
391	acrimony	とげとげしさ	あ，栗も雲丹もと名物争いが村に<u>とげとげしさ</u>を生む
392	recoup	取り戻す	陸！プランにない上陸に船員達は元気を<u>取り戻す</u>
393	pundit	評論家	パン，じっと見つめるのは，テレビで見かける<u>評論家</u>
394	scurry	急いで動く	すか（＝はずれ）有りの福引でも本日限りで<u>急いで動く</u>
395	tumble	下落する	痰，ぶるっと寒さで震えた後は健康の可能性は<u>下落する</u>
396	combusti-ble	可燃性の	混むバス停，ブルーシートで<u>可燃性の</u>椅子を覆い工事開始
397	espouse	取り入れる	いいスパ，渦が強いとの噂を自店に<u>取り入れる</u>店主
398	savvy	精通した	サビ（ワサビ）入り寿司を語る料理に<u>精通した</u>常連客
399	tick	動く	チクっとするよと言ってワクチン接種に<u>動く</u>お医者さん
400	abound	たくさんある	あ！バウンドが変化！グランドに穴が<u>たくさんある</u>！

参考文献・ウェブサイト

アメリカンセンター Japan. "About THE USA". American Center Japan.

 https://americancenterjapan.com/aboutusa/

アメリカ大使館公式マガジン　アメリカンビュー（2018-1-19）. "連邦政府：大統領，議会，その他機関の役割". アメリカ大使館.

 https://amview.japan.usembassy.gov/federal-government/

上原啓一. 「米国の予算編成に係る調査機関の役割〜米国における財政及び予算制度に関する実情調査〜」『経済のプリズム No149 2016.5』参議院　2016 年

梅川健. 「アメリカ大統領権限分析プロジェクト：トランプ大統領と「大統領令」：とくに行政命令について」東京財団政策研究所. 2017 年

"英辞郎 on the web". 株式会社アルク.

 https://eow.alc.co.jp/#utm_source=www_pickup01&utm_medium=banner & utm_campaign=eow

笠原滝平，上野まな美. 「アメリカ経済を知る！ 第 11 回 アメリカの大統領・連邦議会」株式会社大和総研. 2014 年

笠原滝平，上野まな美. 「アメリカ経済を知る！ 第 12 回 大統領の考えを示す三大教書」株式会社大和総研. 2014 年

金城貴裕. 「コラム　海外経済の潮流 131　Fed の長期目標と金融政策戦」「ファイナンス」令和 2 年 12 月号. 財務省. 2018 年

"金融 / 証券用語集". au カブコム証券株式会社.

 https://kabu.com/sp/glossary/default.html

コトバンク. "ブリタニカ国際大百科事典". ブリタニカ・ジャパン株式会社, 株式会社 DIGITALIO.

 https://kotobank.jp/dictionary/britannica/

情報ライブラリー. "OPEC，OPEC プラスとは". 石油連盟.

 https://www.paj.gr.jp/statis/faq/76

"証券用語解説集". 野村證券株式会社.

 https://www.nomura.co.jp/terms/

"証券用語辞典". 楽天証券株式会社.

https://www.rakuten-sec.co.jp/web/market/dictionary/

野村恵造，花本金吾，林龍次郎（編集委員）.「オーレックス英和辞典リーダーズ英和辞典 第 2 版」旺文社. 2016 年

日本大百科全書. "大統領府". 小学館.

https://kotobank.jp/word/%E5%A4%A7%E7%B5%B1%E9%A0%98%E5%BA%9C-91710

"初めてでもわかりやすい用語集". SMBC 日興証券株式会社

https://www.smbcnikko.co.jp/terms/index.html

ビジネス短信「米 USTR，301 条対中追加関税の継続公表，見直し作業に着手」独立行政法人日本貿易振興機構. 2022 年

ビジネス短信「米 USTR，通商法 301 条に基づく対 EU 制裁関税を10 月 18 日に発動へ」独立行政法人日本貿易振興機構. 2019 年

"米国経済に関する資料". 外務省. 2021 年

https://www.mofa.go.jp/mofaj/area/usa/keizai/usakeizai.html

"About Commerce". U.S. Department of Commerce.

https://www.commerce.gov/about

"ABOUT DOJ". The United States Department of Justice.

https://www.justice.gov/about

"About the Bureau of Economic Analysis". Bureau of Economic Analysis.

https://www.bea.gov/about

"About the Fed". Board of Governors of the Federal Reserve System.

https://www.federalreserve.gov/aboutthefed.htm

"About the FTC". Federal Trade Commission.

https://www.ftc.gov/about-ftc

"Bloomberg". Bloomberg L.P.

https://www.bloomberg.com/

"Budget of the United States Government". GovInfo.

https://www.govinfo.gov/app/collection/budget/2021/

BUDGET-2021-BUD

Colleen J. Shogan. "The President's State of the Union Address: Tradition, Function, and Policy Implications". Congress Research Services. 2016 年.

https://sgp.fas.org/crs/misc/R40132.pdf

"Consumer Price Index". U.S. Bureau of Labor Statistics.

https://www.bls.gov/cpi/

"Coronavirus disease（COVID-19）: Herd immunity, lockdowns and COVID-19". World Health Organization.

https://www.who.int/emergencies/diseases/novel-corona virus-2019/question-and-answers-hub/q-a-detail/herd-immunity-lockdowns-and-covid-19?gclid=EAIaIQobChMI 5cyA-d3T_wIVQVhgCh32-gX6EAAYASAAEgLfPfD_BwE

Council of Economic Advisers. "Economic Report of the President". The White House.

https://www.whitehouse.gov/cea/economic-report-of-the-president/

"Economic Report of the President". The White House

https://www.whitehouse.gov/cea/economic-report-of-the-president/

"Employment Situation". U.S. Bureau of Labor Statistics.

https://www.bls.gov/news.release/empsit.toc.htm

History, Art & Archives. "State of the Union Address". United States House of Representatives.

https://history.house.gov/Institution/SOTU/State-of-the-Union/

Investopedia.

https://www.investopedia.com/

"Monetary Policy". Board of Governors of the Federal Reserve System.

https://www.federalreserve.gov/monetarypolicy.htm

Office of the Federal Register. "FAQ's About Executive Orders".
U.S. National Archives and Records Administration.
https://www.archives.gov/federal-register/executive-
orders/about.html

"Role of the Treasury". U.S. Department of the Treasury.
https://home.treasury.gov/about/general-information/role-
of-the-treasury

"The Cabinet". The White House.
https://www.whitehouse.gov/administration/cabinet/

"The Wall Street Journal". Dow Jones & Company, Inc.
https://www.wsj.com/

"Understanding the Difference Between Federal and State
Law". MasterClass Article.
https://www.masterclass.com/articles/federal-law-vs-
state-law-explained

"Weblio 英和辞典・和英辞典". GRAS グループ株式会社.
https://ejje.weblio.jp/

"What We Do". U.S. Securities and Exchange Commission.
https://www.sec.gov/about/what-we-do

索　引

（注）数字は見出し語の番号を，太字は見出し語を示しています。

後藤　史守弥（ごとう　しずや）

　一橋大学経済学部卒業。カーネギーメロン大学ビジネススクール修了。三井住友銀行理事 財務企画部部長，兼 三井住友フィナンシャルグループ（SMFG）理事 財務部部長を歴任。財務会計関連業務に 25 年以上従事。その間，決算公表資料，アニュアルレポート，目論見書等の英語版作成にも従事。2008 年 4 月以降，SMFG の米国証券取引委員会宛アニュアルレポート等の提出資料（英文）の作成・レビュー等を担当。長年に亘り，日常的に英語（読み書き）が必要な環境にあった。TOEIC Reading Test 満点。米国公認会計士試験合格。
　著書としては，『経営企画のための財務会計入門〜利益変動のロジックを追い掛ける』（中央経済社，2022 年）がある。

連想で憶える
ビジネス重要英単語 400

＜仕事力・趣味力アップ
英語塾シリーズ＞

2023 年 10 月 29 日　　第 1 版第 1 刷発行

著作者　　後藤史守弥
発行者　　武 村 哲 司
印刷所　　日之出印刷株式会社

発行所　　株式会社　開 拓 社

〒112-0013 東京都文京区音羽1-22-16
電話　（03）5395-7101（代表）
振替　00160-8-39587
http://www.kaitakusha.co.jp